脱イライラ習慣！

あなたの怒り取扱説明書

臨床心理士
中島美鈴

すばる舎

✕ 怒りっぽい人の特徴		○ 怒らない人の特徴
・物事に白黒つけたがる	→	・「○○したほうがいい」くらいに柔軟に考える
・「いつも仲良く」したほうがいいと思っている	→	・「話すこと、話さないこと」を決めている
・「葛藤《かっとう》型」「無秩序型」の愛着スタイル	→	・「安定型」のようにふるまう
・お互いを尊重しつつ、対等な自己表現をする関係を好む	→	・時には、感度低めなリアクションができる
・自分と相手の境界線があいまい	→	・自分が決められることに集中する
・自分の中にある「つらさ」「怖さ」を認められない	→	・「もしも」と考え、今に意識を向ける
・「やり遂げられない」のを、精神力のせいにする	→	・やる気になる「順番」「場所」「仕組み」を持っている

怒りは避けられます。【1章】

自分と関係性のない
他人や物事にイライラしない人は、
自分の「怒りの引き金」を知っています。【2章】

職場の人間関係にイライラしない人は、
「やること」「やらないこと」を決めています。【3章】

パートナーにイライラしない人は、
「こんなとき、安定型ならどうするか」と考えます。【4章】

友達にイライラしない人は、
非言語メッセージを送っています。【5章】

親や家族にイライラしない人は、
自分の心の領域に相手を侵入《しんにゅう》させません。【6章】

イライラを長引かせない人は、
「恨みがなければ何をしたかったか」と考えます。【7章】

自分にイライラしない人は、
活性化エネルギーをムダづかいしません。【8章】

本書の方法はシンプル。
さあ、今からあなたも、
いつもいい気分で生きましょう！

プロローグ　不機嫌で、今まで何か良いことありましたか？

私たちの生活の中には、怒りのスイッチが数多く配置されています。

仕事で接する人、家族、親、パートナー、友人、赤の他人まで、あらゆるコミュニケーションにイライラはつきものです。

ニュースやSNSで発信される、自分には全く関係のない情報にもイライラします。

しつこい怒り、恨みが、フラッシュバックしてくることもしばしばです。

さらには、やるべきことができない自分にもイライラします。

こう考えると、眠りにつくまで、怒りという感情からは逃れられないように思えてきますね。

不機嫌で、いいことは何もありません。

怒りは、あなたの能力と時間をムダにします。

イライラすると、嫌な気分になって物事に集中できません。ささいなことがきっかけで怒りの記憶が再生されると、感情が乱れて平常心に戻るのに時間がかかります。

怒りは、人間関係、仕事、勉強の大敵ですし、プライベートも台無しにします。

だからこそ、本書では、そもそも怒らないための**「沸点の高い自分」をつくる方法**をご紹介します。心理学をベースにした、誰にでも実行可能なシンプルな方法です。

●23年間のカウンセリング経験から導き出した「怒らない」ためのトリセツ

怒りは6秒ガマンすれば鎮《しず》まる。自分の考えをしっかり主張し、相手と対等なコミュニケーションをすればストレスは溜まらない。

このような怒りを消す方法は数多くありますが、なかなか実行できなかったり、効果を感じられないことも多いのではないでしょうか。

私は、**〝実行可能〟であることと〝怒る前の工夫〟こそが重要**だと考えています。

つまり、**そもそも怒らないための「考え方」と「しかけ」を自分の中に持つことで、かなり楽に生きられる**のです。

私は、認知行動療法を専門とする臨床心理士で、23年間、カウンセリングを行なってきました。

認知行動療法は、「もののとらえ方」と「行動パターン」に注目し、それを改善して、気持ちを軽くするカウンセリングです。

最近では、怒りに関するご相談も多く、今の日本社会では、みんな余裕がなく、イライラしているように感じています。

また、極端な例をお話しすると、私は刑務所や少年院、保護観察所で、怒りによって他人や物を傷つける行為をした人のカウンセリングも行なってきました。

これら、現場で行なってきたカウンセリング経験からわかったこともお話しします。

認知行動療法のメリットは、**とっつきやすくわかりやすいので「自分ひとりでできること」**です。セルフカウンセリングの手法として注目されています。

●日本人が、日本の社会で、リスクなく実行できるアンガーマネジメント

実は、本書の企画を提案されたとき、一度はお断りしました。

「私はイライラとは程遠い人間なので、書けません」と。

いったんはお断りしたのですが、その後、アンガーマネジメント、アンガーコントロールに関する仕事に接する機会がどんどん増えました。

「やはり、みんな困っているんだな」と思い、本書の重要性に気づきました。

目次を考えるために思いを巡らせていくと、私たちの日常にはイライラを引き起こ

す要素がたくさんあることに気づかされました。

本書を手にとったあなたは、イライラをどうにかしたいという気持ちで、それを自分でなんとか解決しようとしている謙虚な人です。

自分のイライラに気づいて、かつ、相手のせいにせずに、現実的な解決を求めるあなたは、自己洞察《じこどうさつ》に優れた人です。

「相手が○○してくれない」「世の中はろくなところではない」と他人に責任を押しつけず、自分で解決しようとしています。現実としっかり向き合っている人です。

臨床心理士として働いている私は、カウンセリングの中で「困ったときに人の力を借りようと動ける人はすごいな」と思っています。ひとりでできることには限りがあるからこそ、誰かに頼ることで自分の解決力を高めようとしているからです。

なので、まず本書にたどりつけた自分に誇りを持ってください。そんなあなたに出会えたことをうれしく思います。

本書は**「日本の社会人が、自然に、確実に使えるアンガーマネジメントの本にしよう」と決意して書きました。**どうしようもない状況でも、なんとかやっていける、リスクのない方法を盛り込みました。あなたの毎日に少しでも役立ちますように。

目次

第1章 怒りの9割は避けられる

～自分で気軽にできる「怒らない技法」～

第2章 もう、全く関係性のない他人にイライラしない！

～「引き金を避ける」「ベースを整える」「思考のクセに気づく」～

第3章 どうすれば職場でのイライラは消せるの？

～「マイルールの見直し」と「行動の仕分け」でうまくいく！～

第4章
なぜ、大好きなはずのパートナーといがみ合ってしまうのか?
~自分の「愛着スタイル」を知り、「安定型」のようにふるまおう~

第5章 マウント、不平等感……めんどくさい友達の対処法

～優しく「相手の期待」を裏切っていくテクニック～

第6章 親や家族は、平気で一線を越えてくる！
~相手の領域に入らない、自分の領域を守る！~

第7章 恨みを消す技術
～イライラを成仏させるには？～

第8章 やるべきことができない自分へのイライラにサヨナラ！

~自己嫌悪にならないための「行動する自分」のつくり方~

エピローグ

沸点を限りなく高めるために

~〝怒ってからの対処〟より「怒る前の工夫」が大事!~

編集協力　森下裕士
本文デザイン・DTP　システムタンク（野中賢・安田浩也）
カバーデザイン　krran（西垂水敦・岸恵里香）
イラスト　伊藤カヅヒロ

第1章

怒りの9割は避けられる

～自分で気軽にできる「怒らない技法」～

みんな心の余裕を失い、イライラしている

以前、「不適切にもほどがある！」というＴＢＳ系のドラマが話題になりました。昨今のコンプライアンス厳守を皮肉り、昭和時代との対比の中で「もう少しみんな寛容になりましょう」というメッセージを伝え、他者に厳しくなりがちな世間に一石

を投じました。

ドラマの中で描かれたように、**現代社会は明らかに余裕がなく、イライラしているように感じます。**

ヤフーニュースのコメント欄は目を背けたくなるような言葉があふれる荒れ様ですし、グーグルマップの口コミに寄せられる誹謗《ひぼう》中傷は営業妨害になるほどひどい状態です。

何が現代人をここまでイライラさせるのでしょうか？

怒りは能力を低下させ、人間関係をこじらせる

怒りは、ニュースや組織に向けられるだけではありません。

時には、職場の同僚や上司、部下、パートナー、子ども、親、家族、親戚、友人……などに向けられることもあります。

特に子どもは、保護者が「いつ怒り出すかわからない性格」「怒り出すと手がつけられないひどい性格」だった場合、深刻な影響を受けます。

「今夜から、住む場所も食べ物も得られないかもしれない」「生きていけない」

大人が〝不機嫌にしていただけ〟でも、親によって生存が確保されている子どもにとっては、ひどくストレスで、常に怯《おび》えていなくてはならない状況だといえます。

また、脳画像の研究結果によると、夫婦間の罵《のの》り合いを子どもが目撃することは、夫婦間の暴力を目撃する以上に脳にダメージを与えることがわかっています。

大人にしてみればちょっと感情的になっただけの会話でも、子どもの脳にダメージを与えている可能性があるのです。これは、とても恐ろしいことです。

職場においても、怒りの問題は深刻です。職場におけるパワハラは、約3割の労働者が経験していることが報告されています（厚生労働省委託事業「職場のハラスメントに関する実態調査」を参考）。

パワハラは、メンタルヘルスの悪化だけではなく、職場環境を悪化させ、企業全体の生産性や、経営に関わる雇用管理上の問題になり得るといわれています。

もっと親しい人間関係においても、怒りの問題は頻発《ひんぱつ》します。

特に最近では、気に入らない友人に関して、プライベートな写真をSNSで晒《さら》したり、匿名《とくめい》のアカウントで悪口をつぶやいてみたり、連絡が取れないようにブロックしたりと、間接的な怒りの表現をとる人が多くなりました。

このような背景から、人間関係全般に臆病になってしまっている人も多いのではないでしょうか。

誰もが、「こんな発言をしたら、批判されるんじゃないか」と、ビクビクしているのです。

なぜ、アンガーマネジメントは流行したのか？

これまで述べてきたとおり、怒りは明らかに有害な側面を持っています。

イライラしてしまう人も、好きでイライラしているわけではありませんし、ずいぶん不利益を被っているのです。

こうした怒りの問題について対処しようと、人はいろいろな策を編み出しました。アンガーマネジメントといわれる手法です。


ここで少し自己紹介させてください。私は公認心理師と臨床心理士という資格を持つカウンセラーです。

これまで、刑務所や少年院、保護観察所で、怒りが原因で他害行為を行なった人たちにも接してきました。怒りによって、他人の心身、持ち物、財産などを傷つけてしまった人たちです。

ここから、怒りの問題に、カウンセラーとしてどのように対応してきたかをお話ししていきたいと思います。


今でこそ、怒りの問題には「アンガーマネジメント」や「アンガーコントロール」が有効だという認識が世間に広がって、関連書籍や講座も増えています。

しかし、こうした怒りに対するマネジメント方法は、最初は心理療法として、医療や司法の分野からスタートしました。

私の以前勤務していた精神科病院は、いわゆる医療観察法病棟と呼ばれる、精神障害のために殺人や暴行、放火や性暴力など、重大な他害行為を行なった人たちを治療して社会復帰をうながす所でした。

医療観察法が小泉政権下で２００３年に制定され、２００５年から施行《しこう》され、全国各地にその病棟が建設されました。

そこで行なわれた数多くの治療の中のひとつが、アンガーマネジメントでした。

他害行為は精神障害の症状によるもので、自分を客観視する能力が著しく損なわれた状態で行なわれている。こういう前提の治療ではありましたが、**「カッとなりやすい」「衝動的に行動しやすい」などの特性は、他の人を傷つける行動を促進するものであり、治療の対象とされていた**のです。

日本各地の国立病院機構の医療観察法病棟に関わる医療者が、海外のプログラムを見学に行ったり、学んだノウハウを日本でどのようにアレンジして実施できるかを考えたりして、何年もかけて準備していました。

開設された病棟では、不適切な怒りを表出してしまう人、衝動性の問題を抱える人たちが、プログラムを受けています。

こうした海外のプログラムが「アンガーマネジメント」として世間で認知されるようになったのは、医療観察法の施行から10年ほど後のことです。

これらプログラムは心理学や文化人類学、宗教学などあらゆる知見が総動員されてつくられていますが、中でもカウンセリング技法のひとつである「認知行動療法」をベースにするものが多くあります。

あなたは、認知行動療法をご存じでしょうか？

“わかりやすく”“とっつきやすい”怒らないための療法

認知行動療法（ＣＢＴ：Cognitive Behavioral Therapy）は、カウンセリング技法の一種です。

１９６０年代に治療法としてまとめられ、初めは主にうつや恐怖症の治療に使われていました。

たとえば、うつ病のCBTは、うつの人に特徴的な「もののとらえ方（認知）」や、「行動パターン」に注目し、それらが気分に影響していると考えます。

このように**何か困り事があるときに、「その困った状況と認知や行動、感情の関係性」に焦点を当てて、理解していくのがCBTの特徴**といえます。

CBTはその後、発展を遂げ、治療の対象を統合失調症などの精神障害だけでなく、不登校や人間関係の問題、アルコールやギャンブル依存などへと対象を広げてきました。アンガーマネジメントもそのひとつです。

CBTがここまで拡大してきた背景には、ある種の〝とっつきやすさ〟があるからです。

それまでの精神療法は、専門家のもとへ定期的に通って、セラピストの特殊技能によって、自分も気づいていないような深層心理について深掘りしていくようなものもありました。

こうした従来の治療法が有効な人たちはたくさんいましたが、この治療法には大きなコストがかかりました。気軽にアクセスできるものではなかったのです。

これに対してCBTには、〝わかりやすさ〟があり、CBT関連のワークブックや実践本は今やたくさん出版されています。

こうした本を用いれば、自分でもCBTの考え方を用いて自分の状況を分析したり、技法を用いてセルフカウンセリングをすることができるのです。

ちょっと脱線してしまいましたが、CBTのわかりやすさとっつきやすさで、多くの関連書籍が出版され、また、日本では2010年からCBTが保険診療報酬の対象となり、ますます普及が進みました。

この流れの中で、怒りに対するCBTやアンガーマネジメントに関するノウハウも蓄積されてきました。

〝日本人が〟〝日本の社会で〟〝無理なく活用できる〟イライラのトリセツ

では、この本は既存のアンガーマネジメントの本と、どう違うのでしょうか。

なぜ、私がこの本を書く必要があったのでしょうか。

それは、カウンセリングの中でお会いする方々から、

「海外で開発されたプログラムには、日本人が首を傾《かし》げるような対処法が多い」という声をたくさんいただいたからです。

上司にも主張すべき。そんなことを日本社会でやったらおしまいだ！

怒りがわいたら６秒ガマンする「６秒ルール」。そんなの全然効果がないじゃないか！

有名な起業家や、先生と呼ばれる人が書いたアンガーマネジメントの技法は、**会社という組織の中で生きている大多数の日本人には実践しにくい**のです。

有能で、どんな会社にも転職できる、自分で独立して食べていける、そういう世界線にほとんどの人はいません。

私たちはイライラしたとしても、相手の機嫌をとるとか、ガマンするとか、そういう生き方しかできないのです。

「自分のイライラは、ネットに吐き出すくらいしかできませんよ！」

「うちの夫は怒りやすいです。たまには、軽い暴力を振るわれることもあります。でも、金銭的に自立していないし、子どももいるから、私はここにいるしかない。夫にイライラを向けられて、私だってイライラしてどうにかなりそう！　それでも、家庭でもう少しマシな気分で生きていける方法が知りたい」

こうした声をいただいて、どうしたら日本人が、日本の会社で、家庭で、社会でイライラの問題とうまく向き合っていけるか、これについて書いてみたいと思いました。

この本で目指すのは、

「日本人の普通の人が、普通の状況で、無理なく活用できるイライラ対処法」です。

起こる波風をいかに最小限にして、行き場のない怒りをやり過ごすか。

ガマンだけでは限界があるので、そもそも**怒りを感じにくくするための考え方や、価値観のつくり方**もご紹介します。

逃げ場のない人間関係において、具体的にどのようにふるまえばうまくいくかについても事例を書きました。

すべてが「まあ、いいか」と思えるようになる

私は、今では、日常でほぼイライラすることもなく、人生のほとんどのことについて「まあ、いいか」と考えられる、おおざっぱな人間です。

しかし、最初からこうではありませんでした。認知行動療法との出会いが私に大きな影響を与えました。

たとえば、幼稚園の頃の私は、お遊戯会でみんなと手をつないで踊る場面で、振り付けを間違えて手をつなぎっぱなしにした友達の手を怒ってふりほどいたそうです。

私はこれを全く覚えておらず、親から聞いて驚きました。

親としては衝撃的だったことでしょう。娘がみんなの見ている前で、友達の手を怒ってふりほどいて不機嫌に踊っていたのですから……。

きっと当時の私は、「あの子は間違っている！」「こうすべきなのに！」という思考が強すぎて、イライラしていたのだと思います。

こうした小さい頃のエピソードを聞くと、大人になっても、根っこにはまだその「すべき思考」があると思い知らされます。

さすがに今は手をふりほどいたりしませんが、今でも「みんなで一緒に行なうプロジェクト」なのに、ひとりだけ締め切りを守らない人がいると許せない気持ちになり、他の人より強い怒りを感じている自分を発見します。

幼稚園の頃から、まるで変わっていません。

当時と違うのは、**「怒りを感じている自分を発見している」客観的な自分がいる、**ということ。

そして、怒りの思考や感情を制御するように、

「だいたいあの人はいつも締め切りを守らないから、他の人よりうんと早めに締め切りを告知しよう（嘘の締め切り）」

とか、

「遅れてしまう人には、なんらかの責任をとらせよう」

などの対処策を講じていることです。

後から他の人にたくさんグチを吐くこともします。

自分の中にある相手に対する認識も変えています。

「あの人に期待し過ぎた私が愚かだった。あの人は小学2年生レベルの計画性しかないのだ」

「あの人は期限厳守の文化のない国の人なのだ。外国との取引だと思って進めよう」

などと認識するようにしています。

こうして書いてみると、「ずいぶん攻撃的な著者だな」と思われたかもしれませんね。

心の底から怒りを感じないように、怒りをすべて消し去ることをゴールにするのは現実的ではありません。

イライラの根っこを自覚し、現実的に対処するアイデアを、できるかぎり紹介したのがこの本です。また、怒らないための事前策もご紹介しています。

イライラという誰にとっても「嫌な感情」とのつき合い方を一緒に学んでいきましょう。

第１章ポイント

・怒りがわいたら
６秒ガマンする

・自分の主張をして
怒りを溜めない

これらは、なかなか実行できないし、
効果を感じにくい！

・やり場のない怒りを
やり過ごす方法

・怒りを感じにくくなる
考え方

・怒らない人の価値観

を身につけよう！

第２章

もう、全く関係性のない 他人にイライラしない！

～「引き金を避ける」「ベースを整える」「思考のクセに気づく」～

なぜ、見ず知らずの他人に
あれほど怒れるのか？

急いで目的地へ向かっているときに、駅のホームが人であふれかえっていて思うように進めないと、とんでもない攻撃的な言葉が頭に浮かぶ。自分の進路を阻む人に、わざと体をぶつけながら進む。

このようなイライラを抱いてしまう人には本書が必要です。

運転中はどうでしょう。「ハンドルを握ると人格が変わる」とよくいわれます。割り込まれたり、急ブレーキをかけられたりして、ひどく汚い言葉を車内でつぶやいている人は多いでしょう。

また、ネットニュースや有名人のＳＮＳを見ると、コメント欄が荒れていることがありますね。誰かが書いた攻撃的なコメントを読むことで、自分の攻撃欲を満たしている人もいます。気づけばそこに膨大な時間を奪われて、虚《むな》しくなってしまう人もいます。

職場や家庭、友達や親戚やご近所といった関係に比べると、**赤の他人はたがいに利益を享受しあわない、自分とは距離のある関係のはず**ですね。

政治家が賄賂をもらっていたというのは私たち国民に関係することですが、有名人のスキャンダルは自分にとってなんの利害関係もないはずです。

しかし、私たちは本来自分には関係のないトピックに、まるでそれを直接体験したかのように感情を向けます。

「あの俳優さん、大好きだったのに！　不倫なんてひどい！」といった具合にです。

俳優さんとは直接会ったこともないし、会話したこともないはずなので、人間関係があるわけでも、直接裏切られたわけでもないはずです。

それなのに、自分の道徳観と不一致だからか、過去に似たような人に裏切られた経験があるからか、あこがれた相手には一点の曇りもない完璧《かんぺき》な人物でいてほしいという願望なのか、私たちは怒りの感情をかき立てられるのです。

そして、誹謗中傷という形でコメントを書き込んでしまう人がいます。

こうしたプロセスを心理学では「投影」といいます。

本来無関係なはずの相手に、自分の価値観に反する言動をされると、まるで相手からひどいことをされたかのような反応をしてしまうのです。

初めて会う人に対して「なんか、この人冷たい感じがする。人を平気でだましそう」などと思う場合は、初対面という非常に情報が少ない中、いわゆる直感がそう教えてくれるという人もいます。

しかし多くの場合、人は情報不足を補うために、これまで自分が経験してきたことをベースに想像していくのです。

「ああ、こういう色白で、こういう目つき、顔立ちの人から、昔だまされたのよね。

そういえば、口調もあの人そっくり。こういう人には気をつけよう」、こんな感じになってしまいます。

投影は、私たち人間が生み出した効率的な情報システムではあります。

いちいち初対面の人を「初めて見る人類」のようにまじまじと観察して、理解していくと大きな労力が必要ですから、「たぶんああいうタイプだな」と予測していくのです。

世の中に占いが流行《はや》って、タイプ別に人を分類しようとしていることからも、なるべく傷つかずに生きていくうえでは私たちには必須《ひっす》のやり方なのでしょう。

しかし、これには負の側面もあります。**過去の経験が、現在の私たちの判断を歪《ゆが》ませてしまう**のです。

これが**認知行動療法でいうところの「認知」です。**ここで、運転中の暴言がひどすぎる会社員の例をもとに、もう少し詳しく解説していきましょう。

運転中に暴言を吐く会社員マモルさんの場合

30代の会社員のマモルさんは、営業職で外回りの仕事が多く、車の運転をよくします。タイトなスケジュールのせいもあり、運転が荒くなって、よく事故を起こします。10年間で5回も営業車をぶつけています。

話を聞くと、こんなことがわかりました。

マモルさんは大学卒業後ずっとこの会社で働き続け、営業成績は徐々に上がって今ではトップクラスです。

もともと器用にできるタイプというよりは、コツコツ努力して成果を出すタイプなので、誰よりも営業先をまめに訪問して信頼を築いてきた努力家です。

そのため、他の営業スタッフに比べて、スケジュールが過密になっています。

仕事が終わっても、取引先の人と飲みに行くことが多く、帰宅するのはいつも22時頃です。

マモルさんは、ひとり暮らしのマンションに帰ると晩酌をします。ソファーに寝転がってテレビを見ながら寝落ちするので、夜中に目を覚ましてベッドに移ります。

そんな日々なので、睡眠時間はせいぜい5時間くらいです。

朝は、猛烈な胃もたれと共に始まります。毎晩のようにお酒を飲むからでしょうか、最近はお腹が出てきました。汗もちょっとベタついているような気がします。

そんな不快感でいっぱいの朝、シャワーを浴びて食事をとらずに遅刻ギリギリに出社します。

外回り中は常に時間に追われ、取引先にも気をつかうため食欲がありません。甘めの缶コーヒーでエネルギーを補いながら回ります。1日の中で初めての食事は、取引先の人との居酒屋ビールというわけです。

さらに、マモルさんに事故の状況について聞いてみました。

「事故はだいたいいつも同じようなパターンで起こします。

対向車とすれ違うのがギリギリの幅の、住宅街の細い道を通って、顧客の家に向かっているときに事故を起こしてしまいます。

こっちが無理して行っちゃったときに、相手の運転が下手でちゃんとよけてくれないと、横を擦るんですよね。いつも左後ろ。

まあ待てばいいんでしょうけど、急いでるときに限って運転が下手な人とすれ違うことになって、迷惑してるんですよ」


マモルさんは、その場面を思い出しただけでイライラしています。

ちなみに車内では日頃から、

「下手クソなくせに、こんな道くんな！　こっちは仕事で急いでるんだぞ」

などと暴言を吐いているそうです。

因果関係は不明ですが、最近は寝るまでにスマホでニュース記事によせられる激しい批判コメントを長時間読んでしまうとのことです。


どう思いましたか？

マモルさんはなかなかストレスフルな毎日を送っていて、心も体も状態が悪そうですね。

さて、ここから、マモルさんの現状を認知行動療法で整理していきましょう。

事故を起こすほどの怒りがわく4つのプロセス

マモルさんの自動車事故をめぐるプロセスは、「状況」「身体反応」「認知（考え方）」「行動」に分類できます。

【状況】約束、細い道、運転手、雨

まずは、「状況」です。マモルさんはこれまで5回も事故を起こしてきました。その5回に共通する特徴はあるのでしょうか？

マモルさんは、住宅街の細い道を通って顧客の家に向かっているときに、対向車の相手が運転に不慣れな場合、すれ違うときに事故を起こしていましたね。

「顧客との約束の時間が迫っている」「住宅街の細い道を通る」「対向車の相手が運転に不慣れ」

という条件が重なったときに、イライラが最高潮になって、事故が起こっているようです。加えて、4回は「雨の日」だったこともわかりました。これらを怒りの「引き金」といいます。

引き金は、気づいているに越したことはありません。地震予知情報と同じで、予知なく襲う地震よりは、数秒前でも教えてくれれば多少の準備や覚悟ができるものです。「あ、この条件がそろってしまった。私は危ないな」という認識があるのとないのとでは、その後にできる対処が全く異なります。

【身体反応】睡眠と食事

次に、「身体反応」です。ここでは、マモルさんがちゃんと寝て、食べて、生物的な基盤を整えているか、という点に注目します。

マモルさんは、晩酌をして、お風呂にも入らず、ソファーでうたた寝という状況が常ですから、睡眠の質は低そうですね。また、慢性的な睡眠不足状態といえます。

これは、怒りの大きな引き金です。

加えて、昼前の外回り中は、甘い缶コーヒーが栄養源であり、夕方以降は居酒屋メニューでお腹が占領されています。カフェインで無理やり脳を刺激しながら、糖分と気合いで乗り切っていることがわかりますね。

人一倍頑張り屋のマモルさんは、こうしたガス欠状態でアクセルを全開にしているわけです。「腹が減っては戦ができぬ」です。

マモルさんには、まず睡眠と食事をなんとか改善していただきたいです。

【認知（考え方）】すべき思考

次に、マモルさんの「認知（考え方）」に注目してみましょう。

マモルさんの口グセは、

「下手クソなくせに、こんな道くんな！　こっちは仕事で急いでるんだぞ」

でしたね。このひとり言の部分が認知です。

おそらくマモルさんのこのセリフの背後には、まだ口にしていないこんな思いもあるのではないでしょうか。

「運転が下手な奴は、細い道を通るべきではない」

「運転が下手な奴が、自分のように仕事で忙しい人間の邪魔をするべきではない」

「自分のように仕事を一生懸命がんばっている人間は、もっと優遇されるべきだ（道を譲られてもいい）」

あえて極端な形に表現していますが、マモルさんの考えの根っこにはこのようなものがあるでしょう。

この3つに共通するのは、「すべきだ」という考えです。

マモルさんは、もともとは器用ではないので、他の社員よりも多くのノルマを自分に課して結果を残してきました。

「僕は不器用だから、他の人より努力すべきだ」という「すべき思考」です。

また、「努力したのだから、報われた！　次からも努力は報われるべきだ」という「すべき思考」も生まれたと考えられます。

マモルさんの「すべき思考」の根底にあるのは「成功の法則」でした。

だからこそ、マモルさんはこの10年間、ずっと自分にノルマを課して「がんばるべきだ」と自分を奮い立たせてきたわけです。

しかし、皮肉なことにこの「すべき思考」は、事故の原因のひとつにもなっているようです。

そして、この「認知」は「行動」にかなり影響します。

【行動】睨《にら》みつけ、ヤジ、ハンドルさばき、通り抜け

「運転が下手な奴は、細い道を通るべきではない」
「運転が下手な奴が、自分のように仕事で忙しい人間の邪魔をすべきではない」
「自分のように仕事を一生懸命がんばっている人間は、もっと優遇されるべきだ（道を譲られてもいい）」

こんなふうに考えたマモルさんは、運転のおぼつかない対向車の運転手を睨みつけて、ヤジをとばしながら、荒々しくハンドルをさばいて、無理な通り抜け運転をするわけです。これこそが、事故に直結する行動です。

本来なら、車を降りて、対向車にもう少し下がってもらうように頼んだり、誘導すればよかったのでしょう。でも、取引先との約束の時間が迫っているマモルさんにそんな余裕はなかったのです。

さて、ここまでで、マモルさんのイライラが事故につながったプロセスが理解でき

ましたね。

イライラにつながりやすい考え方のクセは他にもあります。あなたにもセルフチェックをしてもらいたいと思います。

あなたの「すべき思考」「白黒思考」をチェック！

ご自身に当てはまるものがないかチェックしてみましょう。

1 重い腰を上げるときに「○○しなくちゃ」「○○するしかない」など、自分を追い込む言葉を使いがち
2 自分が失敗したときに「○○すべきだったのに」とひとり反省会をする
3 他人に対して「ちゃんとして！」「○○すべき」と思うことが多い
4 他人の言動について（テレビ出演者の言葉や店員のマナーなどに対して）不満を持つことが多い

⑤　今日のうちに片付けようとしていたタスクのうち
　　8割しか終わっていないとがっかりする
⑥　休みの日にうまく起きられないと、1日の残りも台無しになった気がする
⑦　人の好き嫌いがはっきりしている
⑧　自分でも感情の浮き沈みが激しいほうだと思う

いかがでしたか？　実は、このチェックでは、怒りにつながりやすい考え方のクセが2つわかります。

①から④は「すべき思考」に関するものです。

特に、①と②は、自分に対する「すべき思考」で、③と④は他人に対する「すべき思考」です。

自分に向けられた「すべき思考」は、「そうすべきなのに、そうできないとき」に、自責や落ち込みを引き起こします。自分に対するイライラともいえますから、自己嫌悪にもつながります。

他人に向けられた「すべき思考」は、相手がそうしてくれないときに怒りに変わります。

「すべき思考」は、自分や他人を奮い立たせるためによく用いがちな思考ですが、うまくいかないときにはご用心ですね。

対策の基本は、

「○○すべき」

という表現を、

「○○したほうがいい」

「まあ、絶対しなくても死にはしない」

「例外的にこういうときもある」

くらい柔軟性のあるものに変換していくことです。

5から8は、「白黒思考」です。

物事を白か黒かの二者択一的にとらえる頭の固い思考です。私たちが感情的になっているときには、だいたいこれが起こっています。

休みの日に8割のタスクを達成したのに、未達成の2割のせいでがっかりしてしまうのは、8割の成果を〝何もできていない〟と評価しているからだといえます。

正確には「8割やり遂げて、2割未達成」というグレーの状態なのです。

でも、ここを白黒はっきりつけたがる思考のクセがある人は、「2割未達成＝真っ黒（失敗）」としてしまいます。極端な人では、テストで99点を採っても悔しがるのです。

休みの日に、本当は7時に起きて家事をこなしたかったのに、うまく起きられずに10時まで寝てしまったとしても、たった3時間のロスでしかありません。

起きてからの時間をうまく活用すれば取り戻せるかもしれませんし、そんなに休日にスピードレースをしかける必要もないはずです。

でも、白黒思考の強い人は「すべてが台無しだ」と決めつけてしまいます。

同様に、「あの人は好き」「ちょっとでも嫌なところがあったら、嫌い」という2つに分けてしまうと、ほとんどの人間関係は継続が難しくなります。

100％の達成ができない自分に対して落ち込む、自己嫌悪になる。

他人に対しても、頻繁《ひんぱん》にがっかりさせられて嫌いになっていたら、日々の気分の浮き沈みは激しくなるでしょう。

では、マモルさんの事例に戻ります。マモルさんは怒りにどのように対処すればいいのでしょうか。

認知行動療法ならイライラを未然に防げる

ここからはマモルさんの怒りについて、認知行動療法で対処していきます。

❶引き金を避ける

マモルさんが事故を起こすときの引き金は、「顧客との約束の時間が迫っている」「住宅街の細い道」「対向車の運転手が運転に不慣れ」「雨の日」でした。

特に雨の日は交通量が多くなり、イライラしやすかったようです。

引き金のうち、避けられるものに対処してもらいました。

具体的には、顧客のアポを余裕を持って入れること。特に住宅街に住んでいる顧客のときには、余裕を持たせた約束しかしないということです。

また、寝起きにスマホで天気予報を確認してもらうことにしました。雨だとわかっていれば、顧客に「到着の時間が雨の影響で少し遅くなってしまうかもしれません」と早めに連絡を入れることもできます。

❷ベースを整える

良い睡眠と栄養は生物としての基本です。日頃から身体面を整えると、ささいなことへのイライラは減らせます。

マモルさんは、ただでさえ帰宅が遅いことに加えて、寝る前にスマホでダラダラとネットニュースのコメント欄を眺めていましたね。なかなか断ち切るのが難しいようでしたので、タイムロッキングコンテナを購入してもらい、22時以降はスマホをそこに入れることにしました。

タイムロッキングコンテナとは、スマホを入れておくアクリル製のボックスで、設定した時間まで取り出せない仕組みになっているものです。

最初こそ、スマホがなくてソワソワ落ち着かなかったマモルさんでしたが、日中の疲れも手伝って、あっという間に寝ることができました。その結果、睡眠時間7時間を確保することに成功しました。

また、外回り中の昼ごはんを抜きがちなので、プロテインバーを営業バッグに忍ばせて食べるようにしてもらいました。雨の日の渋滞や、無理な要求をする顧客へのイライラ対策に、チョコも持ち歩いてもらいました。

「ランチは時間があったらとるものではなく、ランチの時間は必ず確保するもの」と認識を変えてもらい、定食屋になるべく足を運ぶことをルーティンに組み込んでもらいました。

❸思考のクセに気づく

「すべき思考」は自分に向かえば落ち込みや自責を生み、他人に向かえばイライラを生むものです。「すべき」と考えている自分に気づいて、その都度「○○したほうがいい」と言い換えてもらいます。

また、白黒思考は生きづらさに直結するものです。

ただし、グレーを目指すことは、モヤモヤして難しいかもしれません。

そこで、「この部分は達成＝白、ここの部分は未達成＝黒」と両者を混ぜ合わせずに白と黒のまだら状態で頭の中に描いてみることをおすすめします。人に対する好き嫌いも同じようにまだらでけっこうです。無理に、「この人はこの色！」と、まとめてしまわなくていいのです。

「あの人のああいうずるいところが嫌い＝黒」「ここはまだちょっとまし＝白」と、まだらな存在として評価しましょう。

そうすると、「この件では、あの人のちょっとましな部分と関わることだから、そんなに警戒しなくていいかな」「でも、この件ではあの人の最悪なずるい部分が関係することだから、思い切り距離をとろう」という作戦が立てられるわけです。

自分のプランが、「完璧にタスクをこなすプラン＝白」「まるでこなせないプラン＝黒」というような両極端しかないとしたらうまくいきません。

その間の、「まあ許せる範囲でタスクをこなすプラン」「半分しかやれないプラン」など、複数のプランをあらかじめ用意することをおすすめします。

1日の初めに100％のタスクをこなそうと意気込んでいたにもかかわらず、結果的に80％しかこなせなくて自責してしまう場合に比べて、あらかじめ「まあ許せる範囲でタスクをこなすプラン」を立てておけば、「想定していたプランなんだ。ある意味予定通りだ」と開き直ることができます。

マモルさんには、「運転が下手な奴は、細い道を通るべきではない」「運転が下手な奴が、自分のように仕事で忙しい人間の邪魔をすべきではない」「自分のように仕事を一生懸命がんばっている人間は、もっと優遇されるべきだ（道を譲られてもいい）」という思考がありましたね。そのせいで、事故を多発させていました。

ここで、それぞれを、マモルさんに言い換えてもらいます。

「運転が下手な人も、このあたりに住んでいれば通ってしまうものだろう。通ることもあるさ」

「運転が下手な人が、時に私の仕事を邪魔することもあるだろう。それも想定の範囲内に入れておこう（特に雨の場合には）」

「自分のように仕事を頑張っていて急いでいる人間に、道を譲ってほしい気持ちは確かにある。しかし、そんなことは赤の他人にはわかりもしない事実だ。相手だって急いでいるかもしれない」

冷静なときに、自分にこういい聞かせるようにしました。

この過程で、マモルさんは別のあることにも気づきました。

「営業って顧客にどうしても気をつかう。顧客の無理な要求にもずいぶん合わせてきたなあ」

マモルさんは自分の中に、「顧客の要求には絶対に応《こた》えるべき」という「すべき思考」を見つけ、それがさらに自分の運転にプレッシャーを与えていたことがわかりました。

イライラの本当の原因は「自己犠牲」だった

その後のマモルさんは、ネットで攻撃的な文章を目にしなくなったので、影響を受けずにすんでいるようです。

特に、睡眠と食事のチャージ作戦の効果は絶大でした。明らかに以前より気が長くなり、イライラが減ったのです。

また、以前より「すべき、すべき」と自分を追い込まずに、少しだけ余裕を持つことができるようになりました。そのおかげで、安全運転ができるようになりました。

「顧客にイライラをぶつけられないから、他のドライバーに『すべき思考』を向けてイライラをぶつけるチャンスをうかがっていたんだな。

本当のイライラの原因を探って、正しい相手に、安全にぶつければよかったんだ」

マモルさんはこう気づきました。これは、どういうことなのでしょうか。

マモルさんのイライラは、対向車の運転手という赤の他人に向けられていました。しかし、それは投影に過ぎず、**日頃から顧客の無理な要求に、自己犠牲を強いながら応えてきたストレスの積み重ねこそが、イライラの原因**だったようなのです。

この場合、マモルさんのいう「正しい相手に安全にぶつける」は、顧客に「ここまではできましたが、ここからは努力しましたが難しかったのです」と伝えることでした。こうしてみると、マモルさんはかなり自己犠牲を払っている社員だったことがわかりますね。

「ネットニュースへのコメント欄を読むのがやめられなかったことも、運転が下手な人にイライラしていたことも、やつあたりにすぎなかったのかな。

本当は自分の身を削る営業スタイルに限界を感じていたんだ。このままじゃ身が持たないなって。でも、営業成績を上げ続けるには、この生活をやめられなかったんだ」

マモルさんは、こう思いました。イライラと自動車事故が最初のきっかけではありましたが、マモルさんは自分自身の働き方についても思うところがあったようです。

このように、私たちには「なぜか他人にイライラする」ことはよくあるのですが、よくよく考えていけば、怒りには何か別の理由を抱えていることがあります。

マモルさんのように、

もっと身近で個人的にイライラしていることはないかな？

本来イライラを向けるべき相手は誰なのかな？

イライラを安全に向けるにはどうすればいいかな？


と振り返ることが大切ですね。とはいえ、この最後の問いである「イライラを安全に向けるにはどうすればいいかな？」がなかなか難しいのです。

本書は、いかに安全に日本の社会でこれを実現するかをテーマにしています。これを実現するには、まだまだ事例のバリエーションが必要そうです。

赤の他人にイライラしやすい「タイプ」と「怒りへの対処法」【まとめ】

●こんな考え方の人がイライラしてしまう！

それでは、この章の内容をまとめておきます。

自分には関係のない他人にイライラしてしまう人には傾向があります。

1つ目は、「すべき思考」をしてしまう人です。

「そうすべきなのに、そうできないとき」に、自分を責めたり、落ち込み、自己嫌悪に陥《おちい》ったりします。また、自分が「○○すべき」と考えているときに、他人がそうしてくれない場合、怒りをわき上がらせてしまいます。

2つ目は、「白黒思考」をしてしまう人です。物事を白か黒かの二者択一的にしかとらえられないと、私たちは感情的になってしまうものです。

●イライラへの対処法

他人にイライラしてしまう人は、次のような対処法が有効です。自分に当てはめて考えてみてください。

1つ目は、引き金を避けるということです。雨の日は運転しないなど、イライラのきっかけを避けるということです。

2つ目は、ベースを整えるということです。良い睡眠と栄養をとるように心がけましょう。体調が整うと、ささいなことではイライラしなくなります。

3つ目は、思考のクセに気づくことです。

「すべき」と考えている自分に気づいて、「〇〇したほうがいい」という柔軟な考え方をしていきます。

また、白黒つけるのではなく、グレーを目指すことも試してほしいと思います。グレーが難しいという人は、「この部分は白、ここの部分は黒」と白と黒のまだら状態でも良しとする考え方を持ちましょう。

次の章では、赤の他人ではなく「職場の人間関係」にイライラしてしまう事例をご紹介していきます。

第2章ポイント

イライラの原因

・「すべき思考」

・「白黒思考」

怒る前にできること

・イライラの
きっかけを避ける

・睡眠と栄養を
しっかりとる

・「したほうがいい」
「白黒のまだらでOK」
と柔軟に考える

第 3 章

どうすれば職場での イライラは消せるの？

～「マイルールの見直し」と「行動の仕分け」でうまくいく！～

昭和でも令和でも、職場のイライラはなくならない

誰もが、職場の人間関係でイライラしていることでしょう。

私の職場のひとつは刑務所です。

そこで出会う人たちの中に、犯罪に至った当時を思い出して、「当時は職場のスト

レスがすごかった。上司や取引先の要求には絶対に逆らえないから」とおっしゃる人が多くいます。

業界や会社の規模にもよるのかもしれませんが、パワハラ的な要素のある縦の関係は、昭和の悪《あ》しき文化かと思いきや、令和の今でも「職場ストレス」の温床として健在です。

職場におけるイライラの最も大きな特徴は、**「イライラをストレートにぶつけてしまうと仕事を失うかもしれない！」というリスクを感じること**です。

日本は解雇がなかなかできない国とはいわれますが、中小企業においては、雇い主の機嫌を損なえば、望まない部署への配置をされるなど、自己都合の退職に追い込まれていくような風土がいまだに残っています。

「そんなにストレスを抱えるぐらいなら、さっさと転職してしまえばいいじゃないか」と助言する人もいます。

しかし、家のローンがあるとか、めんどうをみないといけない親族がいるなどの事情があってその土地に住まなければならない場合、職場の選択肢は限られます。

職種や業種によっては、その職域のボスに睨まれると、圧力をかけられて、どこに転職しても逃げ場がないということも聞きます。

「働く」とは、生きていくための収入を得る、生存のために最低限必要な行為でありながら、なんと大変なことなのでしょう。

こうした背景があるため、職場におけるイライラは溜まる一方です。立場上そう簡単にいい返せませんし、仮にいい返したところで相手にまるで響かなかったり、反対にやり返される場合もあるわけです。

そして多くの人が泣き寝入りするか、いつもグチを吐きながらやりすごしています。グチを吐いたからって何も解決しないとわかっているからこそ、そんな自分にモヤモヤして、自己嫌悪に陥るわけです。そして毎晩寝るときにこう考えるのです。

「あーあ、また明日も嫌いなあいつの顔を見ながら仕事をするのか。憂鬱《ゆううつ》だ」

「こういう毎日を定年まで積み重ねるのだろうか。もううんざりだ」

立場が上の人との関係、同僚との関係、後輩、部下との関係……。

本章では、職場のイライラを解決していきましょう。

嫌いな上司がいるユイカさんの場合

会社員のユイカさん（20代女性）は、事務職で同じ部署のいわゆるお局様《つぼね》のもののいい方がきつくて悩んでいます。とてもつらい思いをしています。

「あの上司、本当に嫌。私が知らないことを教えるつもりなんだろうけど、なんかいっつも嫌味な口調。

そして、私に聞こえるように、〝覚えが悪い人に教えるのは疲れる〟とか周りの人に話している。

性格が悪過ぎる。もうあの人の顔も見たくない。パソコンを打つときに鳴る音すら嫌」

ユイカさんの嫌悪感は相当なものです。グチが止まりません。

ユイカさんのように、「生理的に、あの人無理」状態になったことはありますか？

ユイカさんと同居している両親は「仕事に感情を持ち込むのはやめなさい。あなたに仕事を教えてくれているのだから、そんなふうに毛嫌いしてはいけない」と諭します。しかしかえって逆効果。ユイカさんはますます感情的になります。

「あの上司に直接会ったことがないからそんなふうにいうんだ。私が日頃どんな目に遭ってるか、お父さんお母さんにはわからないんだ」

つき合っている恋人からも友人からも、「上司が仕事を教えてくれるだけ恵まれている」とか、「上司にそんな態度をとられるほど、ユイカが生意気な態度をとってるんじゃないか」などといわれ、ユイカさんはますます腹が立ちました。

「みんな寄ってたかって、私に原因があるみたいないい方して。ひどい」

ユイカさんは、その上司のことがますます嫌いになりました。

ある日の昼休みのことです。ユイカさんの職場では、休憩室にお弁当を持ちよって、事務職員の女性はみんなで顔を合わせて食べる習慣があります。ユイカさんは、慣例にしたがって、しぶしぶその上司と同じ空間でお弁当を食べます。

すると、その上司がこんなことを尋ねてきました。

「ユイカさんって、休みの日には何をしているの？」

ユイカさんは、突然の質問に面食らいながらも、つくり笑顔で、

「あ、えっと、ドライブしたりとか」

ユイカさんが答え終わらないうちに、上司はこういいました。

「ひとりでドライブに行くの？　ユイカさん車持ってるんだっけ？」

ユイカさんはひきつった顔で、

「あ、いや、彼氏と」

と短く答えて、なんでこんなことを答えてしまったんだろうと後悔しました。大嫌いな相手に、どうしてこんなことを話してしまったのでしょう。

その場にいた同僚たちが口々にユイカさんに質問しました。みんな盛り上がって笑っていましたが、ユイカさんは弱みを握られたような、プライベートをのぞかれてしまったような感覚で、不快で不快でしょうがありませんでした。

こんなことがあってから、ユイカさんはその上司と同じ空気を吸うのすら嫌になりました。そんな相手とまた明日からも顔を合わせ、仕事を教わらなければならないかと思うと、吐き気がするのです。

なぜ、顔を見るのも嫌になってしまうのか？

ユイカさんの苦しい状況がおわかりいただけたことでしょう。

一方で、ユイカさんの不器用さも目に余ったかもしれません。

ここでいったん、ユイカさんがイライラや不快感を乗り越えて、ひとまず仕事を続けられるようにするにはどうすればいいか、という視点で考えてみましょう。

ユイカさんを最も苦しめているのは、**〝大嫌いな上司への態度に一貫性がなく、ぐらついていること〟**です。

「ユイカさん、そんな嫌いな上司に休日の過ごし方を聞かれて、なんでバカ正直に彼氏のことまで話しているの！」とつっこみたくなった人もいらっしゃるでしょう。

どうして同じ空気を吸うのさえ嫌な人の質問に対して、愛想笑いまでしながら答えるのでしょうか？

「同じ職場の人なんだし、周りの目もあるし、無視するわけにはいかないじゃないか。

ユイカさんの態度がぐらついてしまうのはしかたない」という考えもあるでしょう。**問題なのは、どう「対応」（アウトプット）するかではなく、どう「受け止め」（認知）ているかなのです。**

この認知がもう少し整理されて、自分の中で一貫していて、しっくりきていれば、たとえ同じ愛想笑いで対応をするにしても、ユイカさんのストレスはずいぶん軽くなるのです。

器用な人、ベテランの人には賛同していただけると思いますが、心の中で「あっかんべーしながら、ニコニコ対応する」ことで心を守ることができます。

ユイカさんには、この「受け止め」（認知）について見直してもらいます。

ユイカさんは、小さい頃から優しい女の子でした。クラスで誰かが仲間に入れずに寂しそうにしていたら、率先して声をかけて仲間に入れてあげるような面倒見のいいタイプです。

それは、優しい小学校教諭の母親の影響でもありました。家庭でも学校でも当然のように「みんな仲良く」がモットーでしたし、そうしていれば親も先生も褒めてくれました。

誰も仲間外れにしないユイカさんの元には、友達から相談が寄せられたり、バレーボール部ではキャプテンを任されるなど、信頼も集まりました。

しかし、小学5年生頃から、人づき合いにちょっとした変化が訪れました。

「確かにみんなにありがとうっていわれる。でもなんていうか……。ふざけた話とか、仲間内の秘密の話を私にはしてくれない。本当に人と仲良くなれないというか。悩みの相談はされるけど、親しくなっている感じがしない」

ユイカさんは思春期頃から、人と仲良くしようとするわりには、親密な関係がいまひとつ築けていないような気がしていました。

クラスをまとめる優等生なのですが、なんだかさみしいと感じていました。

思春期に「みんな仲良く」というルールからいったん離れて、「あなたと私は一緒ね。似ているね」「本音はなんなの？　あなたはどんな人なの？」というように、友達と相互に確かめ合うようなことをすべきだったのです。

あなたにも覚えがありませんか？

中高生の頃には、「あの英語の先生ってぶっちゃけ、話が長いよね」みたいな陰口を友達同士でいい合ったことでしょう。

こう持ちかけられると、たとえそんなふうに思っていなかったとしても、「そうだよね。前からそう思ってた。なんならいつもネクタイ変だよね」というようなゆるい話をしながら、何かを共有しながら親密になっていきませんでしたか？

こうした「ぶっちゃけた本音」を交換し合いたい同級生と「みんな仲良く」の建前を捨てきれないユイカさんの間に微妙な距離が生まれるのはしかたのないことだったのかもしれません。

ちょっと話がそれましたが、そのくらいユイカさんは「みんな仲良く」という信念を持って生きてきたのです（陰口を叩《たた》きましょうと推奨しているわけではありません。ユイカさんの生き方は素敵です）。

ユイカさんは心のきれいな人なので、心のきれいな友達と仲良くなり、時にはズルい人に利用されながらも、なんとかここまで生き延びてきたのです。

●社会人になるとスキーマを見直すタイミングが来る！

ただ、ここにきて、状況は一変しました。ユイカさんの今の職場の状況、上司との関係の中では、「みんな仲良く」ルールの運用は非常に難しそうです。

ユイカさんがどんなに心を尽くしても、上司が「仲良くしましょう、ユイカさん」とはならなそうなのです。

ついに、ユイカさんの「みんな仲良く」ルールを見直すときがきたのです。

このルールのことを、**認知行動療法では「スキーマ」と呼んでいます。**

ユイカさんの例のように、幼い頃からの体験で身についたスキーマは、基本的には自分が世界を見るレンズとしてずっと続いていきます。

ユイカさんも幼い頃に身につけた「みんな仲良く」というスキーマを、今も持ち続けているわけです。

しかし、幼稚園や小学校ではみんな仲良くしやすかったし、そうすれば大人たちが褒めてくれました。

しかし、ユイカさんを助けてくれていたスキーマを続けることで、思春期を迎える頃から、ちょっと鼻につく優等生に見えてしまうこともあったり、本音トークのチャンスを阻害したりしていたようです。

そして、上司とのぎこちない昼休みのやりとりの原因にまでなってしまっているのです。

ここまでお読みになると、「えっ、私にもスキーマってあるのかな」と不安になった人もいるかもしれません。そこで、チェックリストをご用意しました。

自分の中にある「隠れたマイルール」をチェック！

ここでは、ユイカさんのように、嫌いなはずの相手への対応に一貫性を持てず、ブレて、イライラがますます募るプロセスに関するスキーマを2つご紹介します。ご自分に当てはまるものにチェックをつけましょう。多くチェックがついた項目のスキーマがあなたの特徴的なスキーマということになります。

【①人から愛されたいスキーマ】

□会議などで大多数があなたの意見に賛成していても、数名の反対があるとそちらが気になって落ち込んでしまう

□こちらが好きではない相手からでも嫌われるのはつらい

□相手が不機嫌にしていると、
「自分が何か気に障ることをしたのではないか」と心配になる
□そばで誰か2人がコソコソ話していると、
自分の悪口をいっているのではないかと気になる
□しょせん他人なのだから、自分のことを理解してもらえるとは思えない
□今仲良くしている相手でも、この先はどうなるかわからない

【②人から評価されたいスキーマ】
□少しでも批判されると落ち込んでしまう
□努力した分は褒められたいと思うし、そうでないとやる気をなくす
□世間体を気にするほうだ
□自分が何をしたいかより、他人からどう見えるかを気にして選択する
□大嫌いなはずの相手からでも評価されたいと思って努力してしまう
□自分の成果について評価されることが一番うれしい

いかがでしたか？

チェックしながら「こんなの誰にだって当てはまるでしょう？」と思われた人も多いのではないでしょうか？

そうです。スキーマはごくごくありふれた、誰もがちょっとずつ持っている心のルールなのです。

肝心なのは、「程度」と「柔軟性」。

器用な人は、状況によって、ルールを柔軟に変形させたり、「こういう状況ではこのルールだけど、この状況ではこのルール」というように使う場所を選んだりしているのです。

スキーマ自体は悪いものではない、ということにもご注意ください。

今回は、「こうしたスキーマのせいで、イライラする相手にうまく対応できないことになっているよ」という意味で提示しています。

このスキーマで成功したこと、うまくいっていることのほうが多い場合には、変える必要はないでしょう。

では、スキーマのせいで苦しんでいる場合、どうしたら上手に対応できるようになるのでしょうか。ユイカさんの事例に戻って説明を続けます。

“すべき”よりも「できそう」で人間関係のゴールは決める

ユイカさんは、顔を見るのも嫌な上司に対して、幼い頃から持っている「みんな仲良く」というスキーマを適用してしまっていました。

このスキーマが今の状況にそぐわないものになっていることに、ユイカさんは気づくべきです。

「そういわれてみればそう。あの上司が今さら『私のいい方が嫌味ったらしかったわ。ごめんなさいね、仲良くしましょう』なんていうわけない。仮にいったとしても何か裏があると思える。

もう『みんな仲良く』みたいな単純な解決はできない。でも、それって、『職場はしょせん働く場なんだから仲良くしなくたっていい。あきらめろ。人を信じるな』ってことになるのかな」


不満そうなユイカさんですが、それは、違います。

そこまで極端にスキーマを書き換える必要はないのです。

現にそこまで極端に書き換えてしまうと、仕事に支障が出てくる可能性があります。

そこで、ユイカさんには、まずその上司と「どんな関係をゴールに据えたいのか」を具体的に考えてもらいましょう。


イライラを抱えたとき、**人は「こうすべき」という理想のゴールを語りがちですが、「相手が実際にできそうな」ゴールを想定するのがコツ**です。


「そもそもあの上司と仲良くしよう、嫌われないようにしよう、というのが間違ったゴールだった。

仕事に支障が出ない程度の会話はして、次の日、仕事に行きたくなくておなかが痛くならないようにはなりたい」

いいですね。ユイカさんは、現実的に考えられるようになってきました。そうなんです。ここまで相性の合わない上司と仲良くして、友情を育むことは現実的に無理です。同じ職場で仕事をするという結果を出すことと、仕事を続けられるぐらいの対人ストレスにまで軽減したいところですよね。

ということは、情緒を交換するようなやり取りをするよりは、仕事に必要な情報を交換するようなやり取りをするだけで十分なはずです。

こうしたゴールを踏まえて、ユイカさんに自分の行動の仕分けをしてもらいましょう。

具体的には、「その上司と話すことリスト」と「話さないことリスト」をつくってもらうのです。

気分の波がなくなる「話すことリスト」「話さないことリスト」

●「話すことリスト」

- あいさつ　「おはようございます」「おつかれさまです」「お先に失礼します」
- 仕事の質問　「すみませんが、お時間よろしいでしょうか」
- お礼　「ありがとうございます」
- 仕事の請け　「承知しました」
- 報告　「ご報告があります」

●「話さないことリスト」

- 休日の過ごし方
- 家族や友人や恋人に関する話
- 趣味
- 個人的な好き嫌いの感情
- 上司に対するヨイショ

リストを作成しながら、ユイカさんは気づきました。

「そうだな、あいさつはする。これはしょうがない。すると決めたらにこやかにしてもいい。上司ではあるのだから。

仕事の指示と質問とお礼はして、昼休憩のときのプライベートな話は受け流そうかな」

このように明確に仕分けしていくといいですね。これまでは無意識に「仲良くしないと」「嫌われたらダメだ」など、いろいろ考えて一貫性のない対応になっていました。それが、ストレスだったのです。

非言語サインで「一貫性のあるコミュニケーション」をとろう

上司と話すこと、話さないことを仕分けしておく作戦は効果がありました。

ユイカさんはいちいち悩まず、

「仲良くしないといけないわけじゃない。仕事に必要な情報を交換するコミュニケーションは、お給料をもらってるんだからプロとしてにこやかにやってやる！」

と割り切ったことで楽になったといいます。

認知が変わったことで、ユイカさんはこんなことを考え始めました。

「いちいちみんなでご飯を食べなくてもいいのかも。同じ部署の男性職員はみんな自分のデスクで食べたり、外食しているわけだし。

まあ、急にひとりだけその輪から外れるのは目立ち過ぎるから、すぐに離れるわけじゃないけど。

タイミングを見て、誰か誘って外食に行ってみたりして、周りも巻き込みながら、あの緊張した変な昼休みから離脱しよう」

優等生キャラだったユイカさんは、ひと皮剥《む》けました。生きやすくなったようです。

スキーマそのものを書き換えるのは至難の業です。

そのため、ユイカさんが試したように、**スキーマを念頭に置いた上で、具体的にどんな行動をするのか、しないのかをリストアップしていく方法を試してみましょう。**

即効性があり、おすすめです。そして、職場に波風を立てることもなく安全です。

ユイカさんのように、「これは話題にする（話をする）」「しない」を明確にして行動していけば、相手からの反応も変化するでしょう。

上司からすれば、仕事を教えてあげているのに、時々ふてくされた表情を見せていたやる気のないユイカさんが、最近、感じ良くあいさつをしてきて、笑顔で仕事を教わるわけです。

一方で、以前なら昼休みにプライベートな話題についても話していたユイカさんが、最近はちょっとガードが固くなりました。

こうなると、上司の側もユイカさんといい意味で距離を取らざるを得ません。

ユイカさんの側からは、「仕事上の会話は愛想良くしますし、やる気はあるんですよ。でも、それ以上は勘弁してください」という非言語的なサインが出ているのですから。

結果的に、ユイカさんは以前より上司からずけずけと踏み込まれることはなく、丁寧な言葉づかいで仕事を教えてもらえるようになりました。

こうした、上司の反応を受けて、ユイカさんは気づきました。

「ああ、ソワソワするな。まだ、こういう距離感に慣れない。でも、この距離感のおかげで前ほどはイライラしないし、日曜の夕方のあのうんざり感がなくなった。

私がそもそも持っていたスキーマはまだ全部捨てたわけじゃない。やっぱり多くの人と仲良くしていきたいし、人間についてあきらめたくない。

でも時々、こういう合わない人もいて、例外的にこういう対応をすることも必要ってことね」


スキーマがこのくらい柔軟になってきたら、ずいぶん生きやすくなったはずです。

みなさんも職場というなかなか抜け出せない場所での関係のイライラを、上手に乗り切っていきましょう。

職場の人間関係にイライラしやすい「タイプ」と「怒りへの対処法」【まとめ】

●こんなタイプの人がイライラしてしまう

それでは、この章の内容をまとめておきます。

職場やサークルや地域の集まり、保護者会など一定の目的を持って集う場所での人間関係にイライラしてしまう人には傾向があります。

まずは、**「相手から愛されたい」と思い過ぎる人**です。「相手に好かれたい」という気持ちが強過ぎる、ということです。

こういう人は、相手に不当な要求をされて断らなければならないとき、到底同意できないからしっかり話し合うべきときにも、自分の気持ちを飲み込んで、後でイライラしてしまうのです。

次に、**「相手から評価されたい」と思い過ぎる人**です。

こういう人は、相手の期待に沿えるように神経をすり減らし、無理をしてでもがんばります。ただし、自己犠牲が続くとイライラが溜まって爆発してしまいます。

●イライラへの対処法

職場やサークルや地域の集まり、保護者会など一定の目的を持って集う人間関係でイライラしてしまう人は、次のような対処法が有効です。自分に当てはめて考えてみてください。

1つ目は、こうした場所では**「全員と仲良くしよう」「嫌われないようにしよう」「評価されよう」という考えは、間違ったゴールを設定していると認識する**ことです。

この集団、組織は、ある目的を持って集まった集団であり、そこで役割を果たすことが優先。もしかしたら、仲良くなれる人もいるかもしれない、くらいの認識がちょうどいいのです。

2つ目は、1つ目を具体的に実行するために、その場において**「すること」「しないこと」を仕分けしておくこと**です。

職場で、心のまま人と交流しようとすると、どうしても小さな頃から刷り込まれた「みんな仲良く」モードが発動してしまいます。だからこそ、事前にどうふるまうかを決めておくのです。

職場というある意味、利益の追求などの「目的」を共有した関係においては、ユイカさんがやった仕分けは有効だといえます。

自分とイライラする相手とで、目的が同じだからです。

しかし、私たちが苦しむのはこうした公的な関係のみではありません。

もっとプライベートな関係におけるイライラは、「内輪喧嘩」として、周りからはあまり相手にされない傾向があります。次の章では、「パートナー」にイライラしてしまう事例をご紹介していきます。

第３章ポイント

イライラの原因

・「愛されたい」
　と思い過ぎる

・「評価されたい」
　と思い過ぎる

怒る前にできること

・「全員と仲良くしよう」
　「嫌われないようにしよう」
　「評価されよう」という
　ゴールを設定しない

・「すること」「しないこと」
　を明確にしておく

第4章

なぜ、大好きなはずのパートナーといがみ合ってしまうのか？

～自分の「愛着スタイル」を知り、「安定型」のようにふるまおう～

大好きで
つき合ったはずなのに、
なぜ、パートナーにイライラするのでしょうか？
こうしてほしい
こうあってほしい
を裏切られると、怒りになる！
モヤ
愛情の「示し方」「受け取り方」
が相手と異なると怒りになる！
解決策は2つ！
自分の愛着
スタイルを知る
安定型のように
ふるまう

パートナーへの勝手な幻滅は怒りになる！

パートナーにイライラすることはありませんか。

コロナ禍以降、恋人や配偶者といったパートナーとの関係に関するご相談が増えてきました。

人間関係の断捨離が自動的に行なわれ、身近な人との人間関係の比重が増えたことが理由です。

「これまではお互いにそれぞれ他のつき合いがあって気づかなかったけど（ごまかせていたけど）、いざ向き合ってみたらうまくいかない！」といったことがあちこちで発生しているのでしょう。

恋人に対するイライラで多いのは、「まめに連絡をくれない」「同居し始めたら部屋を散らかす人だった」「もっと経済的にも、精神的にもしっかりしているかと思った」などさまざまです。

いずれも**『こうしてほしい』『こうあってほしい』のに、そうではない相手」への幻滅が怒りになっているように感じます。**

恋愛はお互いのちょっとした勘違いと妄想で始まるので、いざ近づいてみたら「思っていたのと違う！」ということは、想定の範囲内にしておくべきでしょう。

ただ、そこで「イライラ」する人としない人に分かれます。

何が違うのでしょう。こうしたイライラの仕組みについても本章では触れてみたいと思います。

一方で、「ここに書かれているのは、まるで私のパートナーのことだ。私はいつも叱られている」という人もいらっしゃるかもしれません。

つまり、イライラ「される」側というわけです。される側にもストレスは溜まります。一番くつろぎたいはずの家で叱られるわけですから、「悪いなあ」と思いながらも不快な感情が蓄積するでしょう。

そうして、溜めこんでしまうと、「いつもいつも小言ばっかり、うるさいなあ！もういい加減にしろ！」と、キレてしまう瞬間がきてしまいます。

こうして双方にイライラが募ると悲惨です。泥沼な関係に陥ってしまうのです。

自分で好んで、選んでつき合い始めたのにイライラしてしまう……。

プライベートでは消耗したくないですし、本来なら一番の理解者であってほしい恋人やパートナーといがみ合うと、孤独を感じてつらいでしょう。

ここで、恋人へのイライラが止まらない会社員のハヤトさんの事例をご紹介します。

恋人へのイライラが止まらないハヤトさんの場合

ハヤトさんは、会社員として働く30代男性です。つき合って3カ月になる彼女がいますが、連絡をあまりくれないので不安になっています。

ハヤトさんは理系の大学院を出た後に、地元に戻って就職しました。まじめな性格で、大学時代につき合った彼女はいましたが、卒業後は離れ離れになってしまい、別れてしまいました。

その後は仕事に慣れるのに精いっぱいで、誰ともつき合わずにいました。しかし、親が結婚を急《せ》かすようになり、ハヤトさんは初めてマッチングアプリを使って、彼女と知り合いました。

彼女は10歳年下で、ハヤトさんとはまるで逆のタイプです。

インドア派のハヤトさんとは正反対で、いつも出かけたがり、流行のファッションに敏感で、友達も多く、派手な暮らしをしています。

ハヤトさんは彼女のそんな社交的で明るい性格が新鮮で好きになり、告白してつき合うことになりました。

ハヤトさんの以前の彼女は同じ学部の同級生で、何をするにも一緒でした。一緒に学校へ行って、同じ講義を受けて、研究をするときも一緒でした。地味で、友達との遊びよりハヤトさんと過ごす時間を優先するタイプでした。

実際に、そんなに友達は多くなく、1年生の最初からつき合っていたので、周りの友達も「あの人たちは、2人でひとり」とみられていたほどです。

その彼女との恋愛では、ハヤトさんが時々落ち込んだり不安になったりしたとしても、それで関係がギクシャクすることはなく、交際に大きな起伏もなく、喧嘩もほとんどありませんでした。

しかし、今度の彼女は逆のタイプです。

ハヤトさんは、どうすればうまくつき合っていけるのかわからずにいます。

ハヤトさんがメッセージを送っても、彼女からの返事が24時間以上ないことだってあるのです。ハヤトさんのこれまでの常識がまるで通じない相手です。

「誰か他の男性と会ってるんじゃないか。自分なんてどうでもいい存在なのか。気になって、お風呂に入るときまでスマホを肌身離せずにいる。彼女からの連絡を待ってしまう。

どうして自分はこんなにふり回されないといけないんだろう。イライラする。なんでこんな冷たい女性を選んでしまったんだろう」

たまりかねたハヤトさんが勇気を出して電話してみると、彼女は寝ぼけた声で電話に出ます。

ハヤトさんはいつもこんなひとり相撲をしています。

ハヤトさんは本当なら、「どうして返事をくれないの？」「何をしていたの？」と聞いてみたいのです。

しかし、そんな問い詰め方をしたら、彼女に嫌われてしまうだろうし、自分がみじめになってしまいます。それで、いつも強がって短い会話で電話を終えるわけです。

今のところ、ハヤトさんは恋人に直接イライラをぶつけてはいません。しかし、限界を感じています。ふり回され過ぎてよく眠れず、疲れが溜まっています。

恋人は、感情がコロコロ変わる人です。放っておけない存在です。

あるときには、急に「どうせ本当の私を知ったら、嫌いになるんでしょう」と泣き始めたこともあります。

あるときには、急に機嫌が悪くなって、ハヤトさんは家から追い返されたこともあります。

「もう、全然意味がわからないよ。どうしたいんだ……。ジェットコースターに乗ってるみたいだ」

せっかくつき合っていても、ふり回されて、つらくてしかたがないのです。それでも彼女に会っている時間は楽しくて、夢のようで、別れたくありません。

この3カ月間、ハヤトさんは大変だったようですね。

「絶対に別れたくない」という強い意志がある一方で、なかなかの努力を必要とする相性の恋人に苦労しているようです。

恋愛の達人なら、このような「追いかける状況の、起伏の激しい恋愛こそが人生の楽しみ！」といい放てるのでしょう。

けれど、一途でまじめなハヤトさんが、いくら恋人の前でイライラを隠そうとしても、にじみ出ていそうですね。ちょっと心配です。

ハヤトさんが抱えるモヤモヤやイライラには、どのように向き合っていけばいいのでしょうか。

基本的信頼感、持てていますか？

ハヤトさんと恋人の事例を読んでみて、どう思いましたか？

ハヤトさんは、学生時代の恋人とは、安定した関係を築けていたようでした。しかし、現在の恋人との関係はそれとは正反対。

彼女は駆け引きをしているのでしょうか？

それにしては、なかなか激しく大胆です。このままではハヤトさんは心労で倒れてしまいそうです。「そんな女性とつき合うと苦労するからやめておけ」という声も聞こえてきそうです。

心理学の分野では、「愛着スタイル」という言葉があります。

愛着とは、乳幼児期に養育者との間で育まれる、人との絆《きずな》のようなものです。「ああ、この人は私の世話をしてくれるんだな」「この人は安全だな」「この人といると安心するな」という感覚です。

これが主に2、3歳までに安定して形成されると、「この世って、なんだかんだ安全だな」「人を信頼できるな」「ちょっとくらい離れても、そう簡単にこの関係は終わらないな」といった、「基本的信頼感」を持つことができるわけです。

この愛着の形成には、養育者の態度が大きく影響しているといわれます。当然ながら、いつも安定した優しさをくれる養育者のもとで育てば、子どもはその養育者に対して安心して安定した愛着を向けます。

その子どもがもう少し大きくなると、養育者だけでなく友達や先生などの他者や世の中全体に対しても信頼し、自分を表現してやっていけるわけです。

私たちが初対面の相手に対して、ほとんど第一印象しかその人に関する情報を持た

ないのに、なぜか、

「あの人はよっぽど恵まれて育ったんだろうな。人を疑うことを知らない。幸せそうだな」

と感じてしまうのは、その人の愛着スタイルから生じたちょっとしたしぐさや目線、表情筋の使い方、声色などから、何か感じ取っているのかもしれません。

さて、ハヤトさんの事例について愛着スタイルの観点から考察する前に、まずはあなたの愛着スタイルについて分析していただこうと思います。

あなたの愛着パターンは４つのうちどれ？

あなたの現在の恋愛には、子どもの頃の愛着パターンが影響しているといわれています。次の４パターンのどれが自分に近いと思いますか？

【安定型】
幼少期は、養育者に自分の欲求を満たしてもらえると確信して育った。大人になった今は、精神的に自立し、愛情に満ち、他人を信頼し、助け合うことができる。

【葛藤型】
幼少期は、言動に一貫性のない養育者に育てられ、信じられず不安や怒りを抱いていた。大人になった今は、相手に拒絶されることを恐れ、人にまとわりついてしまう。

【回避型】
幼少期は養育者から距離を置かれて、欲求を満たしてもらえないまま育った。そのため、その後は人と距離を取っていた。大人になると、他者と距離を置くので、自立して見えるが、それは見せかけに過ぎない。

【無秩序型】

幼少期は、虐待されたり、予測不能な言動の養育者のもとで過ごし、人に心を閉ざして関心を持たなくなった。大人になった今は、相手に過剰な愛情を求める一方で、傷つくのを恐れる、極端な感情の揺れが見られる。

いかがでしたか？　自分の分析が一番難しいですね。これまでの対人関係をあれこれ振り返りながら分類するといいかもしれません。

自分の親子関係は、よその家の親子関係と比べてどうでしょう？　よその親と比較してみることで、はじめて自分の親の特徴がわかったりします。

学生時代の友人関係はどうだったでしょう？　知り合ってすぐにうちとけた記憶がありますか？　それとも警戒していましたか？

拒絶されることを恐れ、まとわりつく「葛藤型」とは？

さて、ハヤトさんのお話に戻りましょう。

ハヤトさんはこの4つの愛着スタイルのうちどれだと思いますか？　ハヤトさんの例で愛着スタイルの分析についてイメージを深めましょう。

ハヤトさんは、過干渉ぎみな母親に育てられました。父親はハヤトさんの物心つく前に家を出て行き、ハヤトさんは顔も覚えていません。父親は怠惰《たいだ》な人だったようです。ハヤトさんの母親は、女手ひとつでハヤトさんと妹を育てて大学院まで進学させたのですから、相当な苦労があったことでしょう。

こうした環境でしたから、母親は長男であるハヤトさんには小さい頃からこういっていました。

「お父さんみたいな人になっちゃいけない。ちゃんとしていないと、大変なことになる」

ハヤトさんが勉強せずにゲームをしているときにも、休みの日にダラダラ二度寝をしているときにも、友達と遊びに行って帰りが遅くなったときにも、母親はこの言葉をくり返して厳しく叱りました。ハヤトさんは次第に、くつろげない人間になっていきました。

「こんなにダラダラしていては大変なことになる……」。気づけば休日にもせかせかする性格になっていました。

こうして勤勉なハヤトさんが形成されたおかげで、中学までの成績は常にトップで、高校は有名な進学校に合格が決まりました。

ハヤトさんはきっと母親が喜んでくれるだろうと、満面の笑みで「合格したよ！」と報告しました。

しかし母親は、その日ハヤトさんが外出先で財布を失くしてしまったことを知り、「勉強ができたとしても、財布を落とすという、人として当たり前のことができていないのは問題がある」と説教したのです。ハヤトさんは悔しくてたまりませんでした。

思い返せば、ハヤトさんと母親の関係はいつもそうでした。母親はハヤトさんの欠点をつついてきて、なかなか手放しで褒めてくれません。

長時間働いていて余裕がないからか、時には、母親はハヤトさんの話に上の空で、聞いていないこともあるようでした。ハヤトさんは母親の予測不能な塩対応にふり回されていたのです。

「こんなに俺はがんばっているのに、母の機嫌次第でふり回される」。ハヤトさんはいつも不満に思っていました。

しかしそれをぶつければ、母親は1週間ほど機嫌が悪くなり、家庭内の雰囲気が最悪なことになると容易に想像できました。

一方、母親の側にも事情はありました。母親はちょうどその頃更年期を迎え、多くの体の不調に悩まされていました。また、不登校傾向のあった妹への対応に手を焼いている時期でもありました。元来の心配性と長時間労働もあり、心身共に余裕がなかったのでしょう。

こうしてみると、**現在、恋人にふり回されているハヤトさんですが、幼い頃には母親にふり回されていたことがわかります。**

ハヤトさんの愛着スタイルは、幼少期、経済的にも精神的にも余裕のなかった母親に育てられ、結果的に一貫性のない対応をとられて、ふり回されていた「葛藤型」であるといえます。

ですから、ハヤトさんはどこかで人を信じられず不安や怒りを抱いて育ってきたのです。そして、母親以外の人間関係においても、相手に拒絶されることを恐れ、まとわりつくようになったのです。

正反対の欲求を同時にぶつけてくる「無秩序タイプ」とうまくつき合うには？

一方で、ハヤトさんの恋人はどんな愛着スタイルなのでしょう。

「会っていないときには、自分から連絡をよこさない」一方で、「感情がコロコロと変わる」、「『どうせ本当の私を知ったら、嫌いになるんでしょう』と泣き始める」、「急に機嫌が悪くなってハヤトさんを追い返す」などのエピソードから、少なくとも「安定型」とはいえないようですね。

密着したかと思えば突き放すような両極端な態度が見えますので「無秩序型」である可能性が高そうです。そうしてみると、

「葛藤型のハヤトさんが相手を信じられず、不安を抱いてまとわりつく（スマホをずっと身につけて連絡を待つなど）」→「無秩序型の恋人が、ハヤトさんと親密でありたいのに、近づきすぎると傷つくのが怖くなって突き放す」

という、一連の流れが見えてきますね。

ハヤトさんは、学生時代の恋人（安定型）のような、いつも情緒が安定していて、精神的にも自立している女性とつき合っているときは、自分が不安になっても相手がどんと構えて受け止めてくれるので、うまくいくのです。

しかし、今の恋人のように、

「近づきたいけど、近づきすぎないで」

「愛してほしい、でもどうせあなたは裏切るんでしょう。ならば、こちらからこの関係を終わらせてやる」

といった正反対の欲求を同時にぶつけてくる無秩序型が相手では、ハヤトさんの心は行き場を失くしてしまいます。

お互いが不安でしょうがない、ということになってしまうのです。

それでは、やっとつき合えた相手でも、別れて、もっと相性の良い相手を探すべきなのでしょうか？　乳幼児期に定まってしまった愛着スタイルによる相性は、どうにもならないのでしょうか？

ハヤトさんは、学生時代の彼女のような安定型の人と一緒にいたほうが、イライラはしなくてすむでしょう。しかし、少なくとも今のハヤトさんは、目の前の恋人ともう少しがんばっていきたいのです。

ここでは、安定型以外の愛着スタイルを持つ人たちが、どう努力していけばイライラを減らして関係を改善できるか、という視点で対処策を考えていきます。

自分が「安定型」のようにふるまうと相手の心は落ち着く

ハヤトさんは葛藤型。恋人は無秩序型でしたね。

まずは、２人で愛着スタイルの違いについて認識して、それぞれが相手を理解していければベストです。しかし、今回はハヤトさんだけに取り組んでもらいます。

「そうかあ。前に長くつき合えたのは、相手が安定型だったからか。感謝しかないなあ。そして今はふり回されていて、認めたくないけど母親に似た人を選んでしまってるんだな。だから無性にイライラするのか……」

まずは自己理解することが大切です。

次は、恋人側の視点に立ってみます。今のハヤトさんとの恋愛が「どのように受け止められている可能性がありそうか」を考えていきます。

「無秩序型って、なかなか複雑だな。こっちが優しくすれば喜ぶくせに、同時に『どうせ本当の私を知らないから好きなんていうんでしょう。本当の私を知ったら逃げていくクセに』という。

不安になっているということかな？　そんなんじゃ、こっちはどうしたらいいんだよ。結局俺が何をしたって、不満がられて、報われないってことか……」

このセリフの最後に、ハヤトさんのパターンが出ましたね。「葛藤型」の人に独特な言い回しです。

「相手の機嫌を良くすることに尽力しよう。そうすれば愛情が手に入る」という、涙ぐましい努力をしようとする思考パターンです。

葛藤型の人は、相手の愛情を手に入れないと不安でしかたがないのです。でも、この努力が報われないときには怒りがわき上がります。

「こんなに尽くしているのに！」という怒りです。

この悪循環から脱出するには、どうすればいいのでしょうか。

それは、**ハヤトさんがちょっとだけ背伸びをした態度を示すことができれば、時間がかかったとしても彼女の混乱がおさまります。**

「君の愛情が得られたり、得られなかったり、不安定だったとしても、俺は動揺しない。かといって冷たくもしない。いつもの態度でいるよ。

だから、君も安心して。君の前から俺はいなくならないのだから」

つまり、ハヤトさんが「まるで安定型かのような」ふるまいをすることで、彼女の不安も落ち着き、ふるまいも安定型に近づいていけるというわけです。

このいい循環をつくる近道は、彼女にもこの話し合いに参加してもらうことです。2人はつき合って3カ月のほやほやの関係です。両者が「なんとかしてつき合っていきたい」と強く思っているうちに、話し合えるといいですね。

あえて、ピントのずれた〝おおざっぱな対応〟で相手の不安を消す

さて、そんなにうまくいくものでしょうか。

ハヤトさんは、「安定型かのようなふるまい」が具体的にどんなことをすればいいのか全くわからなかったため、過去の自分の恋愛を振り返ってみました。

前の彼女は、ハヤトさんが不安になったときでも、動じずに安定した心で接してくれていたように思います。それを思い出してマネしてみることにしました。

ある夜のことです。ハヤトさんと彼女は学生時代の思い出を語り合っていました。すると、彼女は突然怒り出してこんなことをいいました。

「今日はもう帰る」

ハヤトさんは驚いて理由を尋ねました。しかし彼女は何も答えず、さっさと自分の荷物をまとめて、玄関に向かいました。

「待って。どうしたの？　何が気に食わないの？」

混乱しながら飛び出していく彼女を追いかけました。

「もう連絡してこないで。顔も見たくない」

一方的にいい放つ彼女にハヤトさんは腹が立ってきました。どうしていつも彼女はこんなに気性が激しいのか。怒りの理由も答えないままひどい言葉をぶつけてきます。

「あなたは結局人を利用してるんだよ。すごくずるい人。利用するだけして、用がなくなったらすぐに捨てて。そういうことしてるから友達が少ないんだよ。そうだよね？　誰とも心を通い合わせない冷たい人なんだよ」

ハヤトさんは何がきっかけで彼女が急に怒り出したのかわからないままではありましたが、友達が少ない、冷たいなどのキーワードに触発されて、頭に血が上るのを感じました。

「人を利用した覚えなんてない。ひどい言いがかりだ！」と、思わずいい返しました。

彼女はますますヒートアップします。

「ほら！　こうやって本当のことを指摘されたら、怒り出す！　どうせ私のことももう嫌いになったんでしょう！　もううんざり！　顔も見たくない！」

別れ話に発展しそうな勢いです。

ハヤトさんははっと気づきました。「これは葛藤型のパターンだ」と。

彼女の突然の不機嫌な行動に、ハヤトさんは「待ってどうしたの？　何が気に食わないの？」と不安を隠しきれませんでした。

さらに、「自分のことを嫌いになったのだろうか？」と不安を抱いているにもかかわらず、その原因に対する質問にもよく答えてもらえず、さらには「顔も見たくない！」

とまでいわれて、不安はますます強くなりました。
自分の不安を相手に消してもらえないと、怒りを感じるのがハヤトさんのパターンです。このパターンから脱出する必要があります。

そこでハヤトさんは、前の彼女に対して自分が不安をぶつけたときに、どうしてもらったかを思い出しました。

彼女はこんなとき、あれこれ言葉を付け足さずに、ハヤトさんの好きなホットココアをつくって出してくれたものです。

そして、ハヤトさんからぶつけられた言葉についてもほとんどいい返さず「そっか、そっか」と落ち着いた声で聞いてくれました。しかも、話の最後には決まって「大丈夫だからね」といってくれていたのです。

当時のハヤトさんとしては、もっとぶつけたい疑問、答えてほしい質問もたくさんあったのです。正直にいえば、彼女の対応はいつもちょっとピントのずれたおおざっぱなものではありました。

あまり細かい議論ができず、いつも決まって好物の飲み物や食べ物が出されて、「まあ、これでもお腹に入れて落ち着いてみてよ」とでもいわんばかりでした。

ハヤトさんはホットココアを飲まされ、ちょっと的外れなあいづちを打たれますが、不思議なことに「まあ、いいか」という気分にはなっていたのです。

今考えると、不安な自分と彼女が議論したとしても意味がありません。不安はますます増していったはずです。

攻撃の理由を理解すると、相手がかわいく見えてくる

ハヤトさんは家を飛び出していった彼女に対して、議論ではなく、安心を取り戻せるような何かをあげようと思いました。

彼女には公園のベンチに座ってもらって、カフェオレを手渡しました。彼女の好物です。ついでに自分にも買いました。少しだけ甘いカフェオレで、ハヤトさん自身のイライラもクールダウンすることができます。ハヤトさんは、ヒヤヒヤしていました。

自分が何かしたんだろうか？　彼女はもう自分に愛想を尽かしてしまったのだろうか？

急にこんな行動をとってしまう彼女にうんざりもし始めていましたし、「どうしていつもこちらが下手に出て話を聞いてあげないといけないんだ」とも思ってイライラもしていました。内心こんな感情が渦巻いていたので、下手な言葉を発しないだけでも相当なエネルギーを使っていました。彼女はそれでも不満をぶつけてきました。

「私が悪いっていうの？　それで、カフェオレでも飲んで機嫌を直せっていうの？　あなたはなんにもわかってないよ。いっつも自分は悪くない、相手が悪い。そうして、人を切り捨ててきたんじゃない！」

ひどい言いがかりに、ハヤトさんはまた怒りのスイッチが入りかけました。でもこんなとき、前の恋人ならなんていうでしょう。なんといってもらって、自分は落ち着いてきたのでしょう。必死で思い出しました。

「カフェオレ一緒に飲みたくて。それじゃダメかな？　一緒にいたい」

前の彼女がよくいってくれたセリフをマネしてみました。全く答えになっていないけど、シンプルに「あなたと一緒にいたい」「仲良くありたい」、そんなメッセージを伝えたのです。

これこそ、自分が一番欲しい言葉です。いろんな議論の末、こういう結論にたどり着きたいのです。それを前の恋人はとてもシンプルに落ち着いて伝えてくれていたのです。彼女はハヤトさんをさらに罵《ののし》りました。

「人の話聞いてるの？　カフェオレが一緒に飲みたいとかバカにしないで」

そういいながらも彼女の声は、先ほどよりも明らかにトーンダウンしました。彼女はかなり長い時間、さらにいろんな疑問をぶつけ、ハヤトさんを攻撃しました。

話す中でわかってきたことがあります。彼女がハヤトさんを攻撃するのは次のようなことからでした。

ハヤトさんは中学時代に大親友がいましたが、高校、大学と進学するにつれて、次第に会うことが少なくなりました。進学先も違い、就職もすれば、この手の話はよく耳にするものです。

しかし、彼女が刺激されたのは、大学進学で地元を離れていたハヤトさんが、地元の企業の採用面接を受けるときにとった行動でした。

連絡を取っていなかった親友のお父さんがその企業に勤めていたことを思い出して、ハヤトさんは親友に連絡をとって、親友、親友の父、ハヤトさんの3人でお酒を飲んだのです。でも、その後また親友とは会っていませんでした。

恋人はこのエピソードから「ああ、親友からもこの人は離れていくんだ。就職に有利になるように利用するだけで、捨てたんだ」と解釈したようです。

そして、「いつかハヤトは、私のことも利用価値がなくなったら捨てていくんだ」と心配になったようなのです。ここまでの心配は「葛藤型」のハヤトさんにも理解できる範囲ではありました。

しかし、無秩序型の彼女はさらにここからが少し屈折するのです。「捨てられるかも」という不安に耐えきれず、「捨てられるぐらいなら、こちらから願い下げだ！」という先制攻撃に転じるのです。そのために怒り、突然家を飛び出したというわけです。

ハヤトさんはこれらが理解できたときに、「そうか、彼女は俺のことを嫌いになったわけじゃなかったんだ」と安心しました。

また、「彼女は一見派手に見えるけど、こんなに恋愛に対して不安を持ってるんだ。そういうところは俺と一緒だなあ」とかわいらしくも思えました。

きっと彼女も、ハヤトさんの不安になった気持ちを聞けば「同じだ。2人ともお互いつき合い続けたいと思ってるんだ」と安心できそうです。ここまでくると、お互いの気持ちを伝え合えるほど、２人ともちょっと落ち着いてきました。

ハヤトさん、やりましたね。なかなかヘビーな夜になりましたが、イライラに対して上手に対処できました。

ドラマの登場人物になりきる効果はバカにできない！

あなたはハヤトさんの事例を読まれてどう思いましたか？

自分もイライラしながら、イライラした相手と話をすることは、なかなかの苦行だと思いませんでしたか？　今回は恋愛の事例でしたが、この方法は親しい人間関係においては、どんな場面でも使えます。

パートナーへの怒り、逆にパートナーの怒りへの対処は、まず「生理的に落ち着こう」です。

ハヤトさんのように、ココアでもカフェオレでもチョコやキャンディーでも、何か甘い物で、すぐに口にできるものがあると、ちょっとだけ気持ちがほぐれます。

これは、あくまでちょっとだけ心の余裕をつくるためです。

そこをスタートにして、私たちは「相手が今どんな気持ちでいて」「そんな気持ちの自分ならなんといってほしいか」を過去の体験などをもとにして推測し、あたかも「安定型」かのようにふるまえばいいわけです。

読者のみなさんの中には「え？　ふるまうって、演技しろってこと？」と嫌な印象を持たれる人もいらっしゃるかもしれません。

この「**かのようにふるまう**」**のは認知行動療法ではよく用いられるテクニック**です。初めは真似事《まねごと》でもいいので、新しい行動パターンにチャレンジしてみましょう。ハヤトさんが「安定型」のような対応に変えたからこそ、彼女は次第に落ち着きを取り戻していきました。

こうした結果をみて、ハヤトさんは「よかった、いつもの自分なら不安に駆られて彼女を問い詰めていたはずだ。無理してでも背伸びして安定した対応ができたからこそ、悪循環から抜け出せた」と思いました。

最初は演技やマネでも、その結果うまくいくと、人はそれを自分の行動レパートリーとして追加していくものです。そうなると、次第に自分らしい行動にアレンジしていけることでしょう。

ハヤトさんがこの新しい「安定型」行動を実践したのは、彼女だけではありませんでした。ハヤトさんはいつも心配性で感情的な母親の顔色を気にしていました。最近では、結婚を急かして不安でいっぱいの母親に実践中です。

この章では、あくまで「相手との関係を続けたい」という前提で愛着スタイルに基づいた対応を考えていきました。

ハヤトさんのように前の恋人に恵まれた人はいいモデルがいて実践しやすいわけですが、身の回りに適当なモデルがいない人の場合には、「好きなドラマのあの優しい登場人物ならこうふるまうだろう」と想像してみるとうまくいきますよ。

パートナーとの関係にイライラしやすい「タイプ」と「怒りへの対処法」【まとめ】

●こんなタイプの人がイライラしてしまう

それでは、この章の内容をまとめておきます。

恋人との関係でイライラしてしまう人には、こんな傾向があります。

1つ目の傾向は、**自分の愛着スタイルが葛藤型や無秩序型である**ということです。このスタイルですと、相手の愛情を信じることができませんし、相手を疑うことばかりしてしまいます。

また、相手に過大な期待を寄せますが、なかなか欲しい愛情がもらえないことから怒りを感じやすいのです。

2つ目に、**自分の愛着スタイルと相手のスタイルが異なる傾向があります。**

自分が思う愛情の示し方や受け取り方が、相手と大きく異なるわけです。したがって、自分がもらえると思っている愛情を相手がくれなかったり、相手から「薄情だ」と責められたりして、イライラしやすい状況が続くでしょう。

●イライラへの対処法

恋人との関係でイライラしてしまう人は、次のような対処法が有効です。自分に当てはめて考えてみてください。

1つ目は、**自分の愛着スタイルを知って自己理解すること**です。

心が安定しているか、人を信じられないか、距離を置こうとしているのか、ふり回されてばかりなのか……、自分の傾向がわかれば注意点が見えてきます。

目の前の恋人がひどいと決めつけるのではなく、「自分がひどいと受け取ってしまうところに愛着スタイルがどう関わっているだろうか？」と見直してみるのです。こうすることで、2人の関係を違う視点から見直すことができます。

2つ目は、**「安定型であるかのようにふるまう」**ことです。

自己理解が進めば、ちょっと背伸びして、

「こんなとき安定型の人なら……、つまり相手の愛情を信じられて、ある程度自分で自分のことを愛せて、満たされている人間ならどうふるまうんだろう」

と思い浮かべて行動してみるのです。たいていの場合、2人の関係修復に役立ちます。

さて、この章のように「お互いうまくやっていきたい」という親密な関係ほどではないけど、「なんとなく縁は切りにくい状況にあるから、そこそこの距離で穏やかにやっていきたい」という友人関係の場合にはどうしたらいいのでしょう？

恋人関係のように、正面から話し合うのもなんだか違う気がしますよね。こうした微妙な距離感の整え方について次の章ではご紹介していきます。

第4章ポイント

イライラの原因

・愛着スタイルが相手と異なる

・相手に過大な期待をする

怒る前にできること

・自分の愛着スタイルを知り、関係がうまくいくようにつき合い方を見直す

・安定型のようにふるまう

第5章

マウント、不平等感……
めんどくさい友達の対処法

～優しく「相手の期待」を
裏切っていくテクニック～

腹が立つ友達って
いますよね？
マウント
不平等
友達との関係で
イライラする人は、
自己犠牲していることが多いのです
解決策は、相手の
期待から上手に
降りること
薄いリアクションで対応！
・驚かない
・共感しない
・うらやましがらない

友達なのに不平等な関係……

「いつも待ち合わせ場所が相手にとって都合のいい場所になる」

「いつも待ち合わせの時間に遅刻される」

「一方的に話されて、自分の話は聞いてもらえない」

「相手の言葉の端々から、上から目線を感じてしまう」

こんなことはありませんか?

本章では、こうした不平等な関係におけるイライラをとりあげていきます。

この不平等な関係の一例として、ここ数年流行している「マウント」や「マウンティング」をとられることで、こちらに生じるイライラについても考えてみたいと思います。

マウンティングとは、相手に対して自分のほうが地位や資産、学歴などが上であると示すことです。簡単にいうと、ランクが上であるということを示すことです。いわゆる「自慢」と似た感じでしょう。

「マウントをとる」ことが嫌われるのは昔からですが、近年注目されるようになったきっかけは、SNSで誰もが私生活の様子を投稿できるようになったからです。

直接会わなくても、わざわざ言葉にしなくても、「毎日あんな贅沢《ぜいたく》な物食べてるんだ」「あんな所に住んでるんだ」と、結果的にマウントをとっているように見える場面が増えてきました。

こうした間接的な接触だけでも、不平等感を抱いてイライラしている人がいるわけです。20年前からは考えられない世界のようにも見えますが、おそらく当時は当時で「こんな車に乗っている」「こんないい服着ている」などの形で、マウンティングという言葉を使わなくても似たようなことが起こっていたのでしょう。

さて、話を元に戻しましょう。この不平等な関係は、誰にとってもいいものではないことは明らかです。

しかし、私たちの社会では、不愉快な関係の相手だとしてもなんらかの理由で縁が切れないことがありますよね。

先に紹介した職場の例はもちろんそうですが、職場はある意味「仕事」という共通の目標があるため、割り切りやすい関係ともいえます。

これに対して、「子どもが同じクラスである保護者同士」「ご近所さん」「同じ友達グループ」などの集まりは、なかなか割り切れない関係性であるといえます。

さてここで、自分勝手でマウンティングははなはだしい友達にふり回されているハルカさんの事例をご紹介します。

自分勝手な友達にふり回されるハルカさんの場合

ハルカさん（40代女性）は、最近、ウクレレを始めました。家の近所に楽しく教えてくれて、月謝も安い教室がオープンしたからです。これまで趣味という趣味がなかったハルカさんですが、珍しくウクレレにはハマって楽しんでいます。

そのウクレレ教室で知り合った同世代の友達のことで、最近イライラが止まりません。

その友達はいつもランチに遅刻してくるし、自慢話を聞かせる割に、こちらの話には無関心で、ハルカさんのように共感しながら話を聞いてくれることがありません。

「正直、同じ教室の人じゃなかったら、もうとっくに縁を切ってるな……」

ハルカさんは、その友達とランチに行った帰りには必ずそうつぶやいています。

ランチの時間中、実に95％の時間で、「いかに自分の夫や子どもが優秀か」「いかに自分が夫から愛されているか」についての話がくり広げられて、ハルカさんはその一つひとつに「すごいねえ」「うらやましい」「さすが！」と丁寧にリアクションしていきます。そうしなければいけないような「圧」があるのです。

ランチの回数を重ねるごとに、ハルカさんは感じます。

「初めだけならまだしも、毎回こんなマウンティングにつき合わされるんだ。強烈だわ……。いっつもランチの席の予約は私にさせるし、10分ぐらい平気で遅れてくるし。なんかこの関係おかしくない？」

でも、その友達は「友達に恵まれていて、たくさんの友達がいる」らしいのです。

自分以外の友達は彼女のマウンティングが平気なのでしょうか？　ハルカさんがイライラするのはおかしいのでしょうか？　細かすぎるのでしょうか？　彼女に嫉妬《しっと》してしまっているのでしょうか？　もしくは、友達はハルカさんにだけそうした態度をとるのでしょうか？

ハルカさんは、ウクレレ教室に楽しく通いたいので、どうにかその友達との関係を壊さずに、波風立てずにいたいのです。

そんなとき、ハルカさんは行きつけの美容室で、雑誌に書かれていた「人間関係のコツ」についての特集を読みました。

その記事によれば、「不平等な関係は良くないので、我慢せずにNOと自己主張することが大事」なのだそうです。ハルカさんはがっかりしました。

「だから、そのNOっていうのは何よ。具体的にどういえばいいわけ？」

アサーションなんかできない……。今の悪循環は「昔のルーツ」が引き起こす！

ハルカさんが美容室で読んだ雑誌記事の元になる考え方は、「アサーション」とよばれるものです。お互いを尊重しつつ、対等に自己表現する、アサーティブ（Assertive）なコミュニケーションのことです。

1970年代のアメリカの人権運動の中で、自分の意思や考え、感情を表現することの大切さが、これまで権利を主張できない立場にいた人たちにも広がったのです。

アサーションは、相手を尊重して良い関係を築くためには、対等であることが重要だという前提に立っています。ハルカさんと友達の関係は、全く対等とはいえませんね。

アサーションでは、相手の立場や気持ちはもちろん、自分の立場や気持ちも同じように尊重していくことが重んじられます。そのスキルを身につけることで、自分にとって不本意な人間関係もスムーズに変えやすくなるのです。

しかし、ハルカさんは全くアサーティブではなく、いつも無理をして話を聞いてあげて、感動もしていないのに驚いたふりをして、うんざりしながらも「うらやましいなあ、もっと聞かせて」といっていたのです。

これでは非主張的どころか、嘘のコミュニケーションをしているとさえいえるのかもしれません。

友達には「この人、私の話を聞きたいんだな〜」と思われてしまいますし、当然「もっと話をしたい！」となるので、相手の話はますます長くなります。ハルカさんの優しい配慮が、不平等な関係をますます長引かせているのです。

しかし、この優しい配慮は、**ハルカさんの特徴が「自己犠牲するスキーマ」**という見方もできそうです。

ハルカさんは、「相手の期待に応えて、共感して話を聞いてあげなければ」「相手の機嫌を損ねてはいけない」「相手に好かれたい」と考えているようです。

誰にだって大なり小なりある気持ちかと思いますが、ハルカさんは特に強いようです。これはおそらくハルカさんが昔から持っているパターンです。

ハルカさんには、この質問に答えてもらいたい思います。

「もしも、あなたが相手の期待に応えなければ、どうなる？」

「相手の期待に応えられない場合、その結果、どうなることを恐れている？」

過去を振り返れば、ハルカさんは親に対しても、学校の先生に対しても、いつも期待に応えようとして、「優しい子であろう」と努力してきました。

一方で、ハルカさんは小さい頃から同級生と比べても計算ドリルをするのも、走るのも、決して速いほうではありませんでした。

成績もトップではありませんでした。ハルカさんは「自分は能力が低い」と思っていたので、その分「優しい子であることで、愛されたい」と考えました。

いつも周囲の人の顔色をうかがって、空気を良くするためにおどけてみせたり、先回りして相手の希望に応えてあげたり、と小さい頃から努力を重ねてきました。

そして、**いつしかハルカさんは「とにかく周りの人の機嫌を良くする努力をしていれば愛される」と思うようになりました。**

それが、マウンティングに対して徹底した聞き上手で対応してしまって疲弊する、という悪循環を生んでいます。

こんなふうに、たいてい私たちが今変えられないと苦しんでいる認知は、昔からくり返し身につけてきたもので、変えがたいのです。こんなふうに今の悪循環には、昔からのルーツがあるのです。

まずは、**悪循環に気づき、「いつからこのパターンがあるんだっけ？」と振り返りましょう。**

そうすることで、「気づいたら悪循環の真っ只中に巻き込まれていた」という状態から、「ああ、またこのパターンか」と、少しだけ自分の状況を客観的に見ることができるようになります。

ここで登場したハルカさんの「周りの人の機嫌を良くすることに神経をすり減らす」行動は、「自己犠牲スキーマ」と分類できます。あなたも、どのぐらい自己犠牲のスキーマがあるか、チェックしてみましょう。

「自己犠牲」の傾向をチェック！

あなたには、どれが当てはまりますか？

□高価な贈り物をもらうと、「自分にはもったいない」とソワソワする
□人に良くしてもらうと、「ありがとう」よりも「申し訳ない」という気持ちが先に出る
□自分が損をしたり、悪者になることでその場が収まるのなら、喜んでそうしたい
□目の前の相手が不機嫌だと、無理をしてでも相手の機嫌を良くすることに尽力する
□誰かと一緒に行動するときには、行き先や食べる物などを相手の好みに合わせたい

□自分が損をしてでも相手に尽くしたい
□自分にお金をかけるのはためらいがあるが、人へのプレゼントやおごりには抵抗がない
□時々、人づき合いがしんどくて、どうでもよくなる
□世の中の人は、自分よりもうんと身勝手でわがままに生きているように見える
□自分がどんな気持ちかよりも、相手の機嫌のほうに目がいく

いかがでしたか？　全部で10項目ありました。

1つか2つは誰にでも当てはまるかもしれませんが、5つ以上となると自己犠牲の傾向が顕著であるといえるでしょう。

「相手」として誰を想定するかによっても、チェックの数が左右されそうですね。あなたにとって一番大切な人をイメージして回答してみてください。

自己犠牲の傾向が強すぎる人は、相手の機嫌にばかり注目しがちな自分に「もう少し自分に関心を持ってみては」とアドバイスしてあげましょう。

あなたが、「自分が今どんな気持ちでいるのか」「何が欲しくて、何が嫌なのか」に関心を持ってあげなければ、世界中の誰もあなたのニーズを察してくれません。

もちろん一部の恵まれた環境にいる人には、誰か優しい人がそばにいるかもしれません。しかし、そのような恵まれた人も、周りの人が愛してくれていても、肝心の自分が自分を粗末に扱っていれば、それは不幸せなことです。

周りの「あなたが大切」「あなたが好きよ」というメッセージを、自分自身がことごとくはね返して否定しているということだからです。これは、うつの人に多く見られる思考です。

話を元に戻しましょう。自己犠牲スキーマの強すぎる人は、自分のニーズを無視して、自分を粗末に扱って、相手の機嫌を良くするために全力を注ぎます。

そのため、短期的には相手に感謝されたり、その場が和んだりするかもしれません。

しかし、長期的には良くない影響があります。

相手が悪い人なら利用される可能性があります。対等といえない関係に相手も心地悪くなってしまい、場合によっては関係が断絶されるかもしれません。自分の負担が増えすぎて疲弊したり、ストレスが溜まってイライラしたりもするでしょう。

怒りの根っこに「自己犠牲スキーマ」が横たわっていることはよくあります。

あなたの周りにもいませんか？

職場ではものすごく腰が低くてみんなの嫌がる仕事を率先して引き受けるようなニコニコの人が、家では亭主関白だとか。

目上の人には媚《こ》びへつらう気づかいのできる会社員が、一変して部下にはパワハラをするとか。

大好きな異性にはヘコヘコしているのに、居酒屋の店員にはえらそうな口をきくとか。

これらもいき過ぎた自己犠牲の余波としての怒りなのです。ここでお伝えしたかったのは、イライラの根っこに過剰な自己犠牲があるのならば、それを自己認識して、改めようということです。

さて、こうした理解を踏まえて、ハルカさんにこの切るに切れない関係の友達との関係改善に動いてもらいましょう。

相手がうれしすぎるリアクションをしていませんか？

あなたがハルカさんの立場なら、アサーティブなコミュニケーションをとるために、どうふるまいますか？

次に、3パターンの例を挙げてみます。明確に3分類するために、どれもやや誇張した表現にして、わかりやすくしています。

【1　攻撃的コミュニケーション】

「あなたは自分の話ばっかりじゃない！」

【2　非主張的コミュニケーション】

「へえ、すごいねえ（自分の話をしない）」

【3　アサーティブコミュニケーション】

「あなたの話をたくさん聞かせてもらったから、私の話も聞いてほしいな。どう？」

私が講演で、こんなふうに三択で尋ねると、多くの人が「アサーティブコミュニケーション」が正解だろうと察して、3で挙手されます。

しかし、手を挙げながらも、みんなちょっとモヤモヤするのです。

「実際そんなセリフいえるかな……」と。

覚悟を決めれば、いえるにはいえるし、自分の話もできるにはできるのでしょうが、アクの強いマウンティング友達はこのくらいのセリフではびくともしないはずです。

おそらくハルカさんの話がスタートして3分ほどで、また話題を奪われて相手の番になるのです。そして、自慢話につき合わされるのが目に見えています。

そうです。このセリフも有効ですが、まだ付け加える必要があるのです。

このセリフで対処しきれていないのは、「相手からの期待」についてです。

これまでハルカさんはいつも聞き役で、驚いたり、共感したり、うらやましがったりという、相手からすればうれしすぎるリアクションをし続けてきたのです。

相手はおいしい思いをしてきたのですから、「また、あのいつものリアクションやってよ」と期待してもしかたがありません。

ですから、このリアクションへの期待を相手に気づかれないように徐々に裏切っていく必要があるのです。

こっそり、ちょっとずつです。たとえばこんな感じで。

裏メッセージには〝あえて気づかないふり〟をする

「もうすぐ子どもが中学生じゃない？　何か勉強しなさいとかいったほうがいいのかな？　うちはなんにもいわなくてもちゃんとやってるから。ねえ？　どうだろう」

これまでのハルカさんなら、マウンティングに対して最上のリアクションをしてしまっていました。

たとえば、「え？　これまで勉強しなさいといったことないの？　信じられない！　うらやましいわ。うちなんて毎日いっても聞かないのに。それでも勉強してるなんてあなたの子育てが素晴らしいからよ」という感じでリアクションしていたはずです。

これでは、相手に「もっとしゃべって」とねだっているようなものですし、心地良くて自慢話はもっと続くでしょう。

これでハルカさんにイライラが蓄積されないのなら悪くないのですが、違います。ハルカさんは対応を変えてみることが必要です。

「そっかー、どうだろうねえ……。そうだ！　来週のウクレレ教室には、新しい人が見学にくるらしいよ」

いかがですか？

「え？　ハルカさん、話聞いてたの？」と思わずいいたくなるほど薄いリアクションですよね。

笑顔でいっていればいいのです。無視はしていませんし、会話は続いています。これまで最上のリアクションを連発していたハルカさんには抵抗があるかもしれないので、このぐらいの中間ステップをはさむのもひとつの手です。

「そうかあー。そうよねえ。悩むよね。うちもよー」くらいのリアクションでもいいでしょう。

友達の「うちの子と私を褒めて！」という裏メッセージにはあえて気づかないふりをして、「そうよね、悩むよね」と軽く乗ってあげるのです。

一応、話は聞いている感じになりますし、しっかり会話はしているので優しさも感じてもらえます。

でも、相手に「おいしい思い」をさせていません。

不平等を解消する「お手上げメッセージ」

もっと無難なリアクションはどうでしょうか。

「そうよねえ。難しいな。わからないなあ」

私には「わからない」というメッセージは、「もうお手上げです」というメッセージです。悪気はないけど「その手の会話はわからないから、勘弁してね」というメッセージになります。

それでも相手は、これまでのハルカさんからのリアクションを、あの手この手で引き出そうとするでしょう。

認知行動療法では、**「あの人はいつも褒めてくれる！　だからまた、話を思い切り**

聞いてもらおう」というつながりを学習することを「強化」と呼びます。

ある行動のすぐ後に、おいしい結果があるとその行動が増えるということです。この「強化」された行動はなかなか消えないのが特徴です。この現象を「消去バースト」と呼びます。具体的にはこんな感じです。

「あれ？　ハルカさん、聞こえてた？　うちね、今6年生の息子がいるけど、ものすごく成績がいいのよね。人からもそういわれるのね。それってほら、中学校に入っても通じるものなのかな？」

なんとかハルカさんから褒め言葉を引き出そうと必死になるわけです。これまで以上にしつこく、圧も増します。

こんなふうに、これまでと違うリアクションを試みると、必ず相手はより圧をかけて追いかけてきます。ここまでを想定した上で、リピート作戦をしかけます。

「そっかー。どうなんだろう。中学校からは違うのかなあ」

字面通り、一緒に不安がってあげるのです。この時点で気まずさがあるのなら、もう他の話題を放り込んでもいいでしょう。

とにかく、これまで通りの期待されたリアクションをしない、そういう自分に戻らないことです。

そして、**友達に「あれ？　ハルカさんって期待外れ。つまんないの」と思わせることです。**決してケンカになっていないし、傷つけてもいません。ここが肝心です。

大人の友人関係でさりげなくできる「不平等解消のコミュニケーション」はいかがでしたか？

それでも自己犠牲の歴史の長いハルカさんにはドギマギする作戦でした。このドギマギを解消するには、これまで自分が誰かに期待外れのリアクションをとられた場面を思い出してみてください。

批判も拒絶もされたわけじゃないけど、「あれ？　思ったよりリアクション薄いな！」というエピソードです。

きっと相手に敵意を感じなかったはずですし、多くの人が「あれ？　気のせいかな？」「機嫌悪いのかな？」「しまった、こっちが自慢し過ぎたかな」くらいにしか思わないはずです。

いつものリアクションを示さない期待外れのハルカさんに、友達がすっと引いて距離を置き出したらどうでしょう？　なんとなく気まずくなって、もうランチにも誘われなくなったらどうでしょう?

ハルカさんが結果的にその友達とどうなりたいかを想定し、強度を調節しながら実践するといいでしょう。最初は控えめにします。これまで4つの言葉で褒めていたところを3つに減らす程度の緩やかな撤退でいきましょう。

マウントイライラの解消は、コンプレックスのケアで

この友達の自慢話問題を、別の角度からも切り取ってみたいと思います。

「あの人、マウントをとってくる」と嫌がるハルカさんの心理に注目するのです。おそらくこの友達とのコミュニケーションでは、自慢話はゼロにはならないでしょう。だとすれば、このままではハルカさんの対応を変えたところで、ずっとイライラの火種は残るわけです。ハルカさんは、こんな自問自答をしました。

「どうしてそこまで友達のマウンティングにイライラするの?」

原因はハルカさん自身のコンプレックスにあるのです。

友達が子どもの成績の話をしたときには、いくら勉強しなさいと急かせても宿題すらままならない我が子に関する悩みを刺激されましたし、親としての無力感に打ちのめされました。

誰かの発言にイライラと嫌な感じがしたら、**「待てよ。自分は今なんのコンプレックスを刺激されたんだろう」**と立ち止まってみましょう。

そして、こう自分にいうのです。

「そんなに相手が羨《うらや》ましいのなら、どうしたら少しでも自分の理想に近づけるか考えて、今やれることをしよう」

相手のことを嫌いという感情は、自分の問題が投影されていることが多いのです。逃れられない関係ならば、地雷となる話題が出てきた場合には、「これは私のコンプレックスの問題だな」と解釈して、自分に向き合うといいのです。

場合によっては、「私ね、子育てってなかなかうまくいかなくて。うまくいってる話聞くと辛いんだ」と吐露するのもいいでしょう。「そんな話しないでよ」というより角が立ちません。

「友達を待たず、シャンパンを飲む」という新パターン

ハルカさんは、行列のできるレストランでウクレレ仲間3人と待ち合わせました。マウンティング友達と、もうひとりの友達です。

12時の待ち合わせで予約不可の先着順に案内されるレストランで、ハルカさんともうひとりの友達が到着した11時50分にはすでに店の前は長蛇の列でした。

マウンティング友達は、いつものように遅刻するようでした。12時10分には店内に案内され、店員から「お席は70分までです」といわれました。

ランチコースを今すぐ注文しなければ、時間内に食事を終えられそうにありません。ハルカさんはソワソワしました。あのマウンティング友達のことですから、きっと30分は遅刻してきます。

そうすると彼女が到着する頃には前菜、下手するとメイン料理が運ばれてきていて、冷めているかもしれません。しかし、コースのスタートを遅らせてしまえば、食事が

退席時間までに間に合うかわかりません。

あっちを立てればこっちが立たずの状況に疲弊するハルカさんをよそ目に、友達は店員さんにこういったのです。

「ランチコーススタートお願いします」

ハルカさんは衝撃を受けました。「そんなに迷いなくいえるもんなんだ!」と。決して言葉にはしませんでしたが、きっとその友達の中では当然の流れなのでしょう。時間通りに来た自分たちが、決められた時間からコース料理を食べる。遅れてきた人は、その分損をする。

「まあ、ごく当然なことではあるのだけれど……」

この友達の、他人の顔色をうかがわない強さは、非常に勉強になりました。さらに、友達はこういいました。

「ねえ、せっかくだからシャンパン飲もう」

しっかりマイペースに楽しんでいる友達を見て、ハルカさんはこう思い直しました。

「そうか。また他人のことばかり気にしてた。私の欲求にも目を向けてあげないと。私はここに間に合うように身支度を整えて、家のことを家族に頼んで、たくさんの段取りをして遅刻せずに来たんだ。楽しんでいいんだ」

この友達の後押しがあり、ハルカさんは新しいパターンにチャレンジできました。

マウンティング友達が来てからも、これまでなら褒めたり丁寧なあいづちを打ったり、羨ましいなあといっていた場面で、**「へえ〜」ぐらいの感度低めなあいづちにしたり、別の話を持ち出すなどで少しずつ相手の期待を裏切ることに成功した**のです。

結果として、次第にマウンティング友達はトーンダウンしていきました。マウンティング友達には珍しく、「最近どうなの？」と尋ねてもくれるようになりました。ハルカさんは心の中でこう思いました。

「そうだよ。たまにはこちらの顔色をうかがわせてもOKだ」

いいですね、ハルカさん。もうイライラ、モヤモヤするハルカさんはいません。

友達との関係においてイライラしやすい「タイプ」と「怒りへの対処法」【まとめ】

●こんなタイプの人がイライラしてしまう

友達との関係でイライラしてしまう人は、**自己犠牲してしまうことが多い**のです。相手の機嫌を良くするためなら自分を犠牲にしてもかまわない、その場が丸く収まるのなら自分が損してもかまわないという考え方をします。

●イライラへの対処法

友達との関係でイライラしてしまう人は、次のような対処法が有効です。自分に当てはめて考えてみてください。

基本的には相手と平等な関係でいるために、不満を溜め込まずに上手に主張していければベストです。

しかし、長年自分の自己犠牲で成り立ってきたような関係性では、仕切り直しが難しいものです。おすすめは、**「相手の期待から上手に降りる」**ことです。

表立って反論する必要はありません。これまで期待されていたような優しいうなずき、共感、安請け合いなどをちょっとずつ減らしていきましょう。

次の章では、家族間の人間関係で起こるイライラについて対処する方法をご紹介していきます。

第5章ポイント

イライラの原因

- 相手を不機嫌にしないなら「自分を犠牲にしてもかまわない」と考える
- その場が丸く収まるのなら、「自分が損してもかまわない」と考える

怒る前にできること

- 優しくうなずきながら、共感、安請け合いを減らしていく
- 相手の期待を上手に裏切っていく

第6章

親や家族は、平気で一線を越えてくる！

～相手の領域に入らない、自分の領域を守る！～

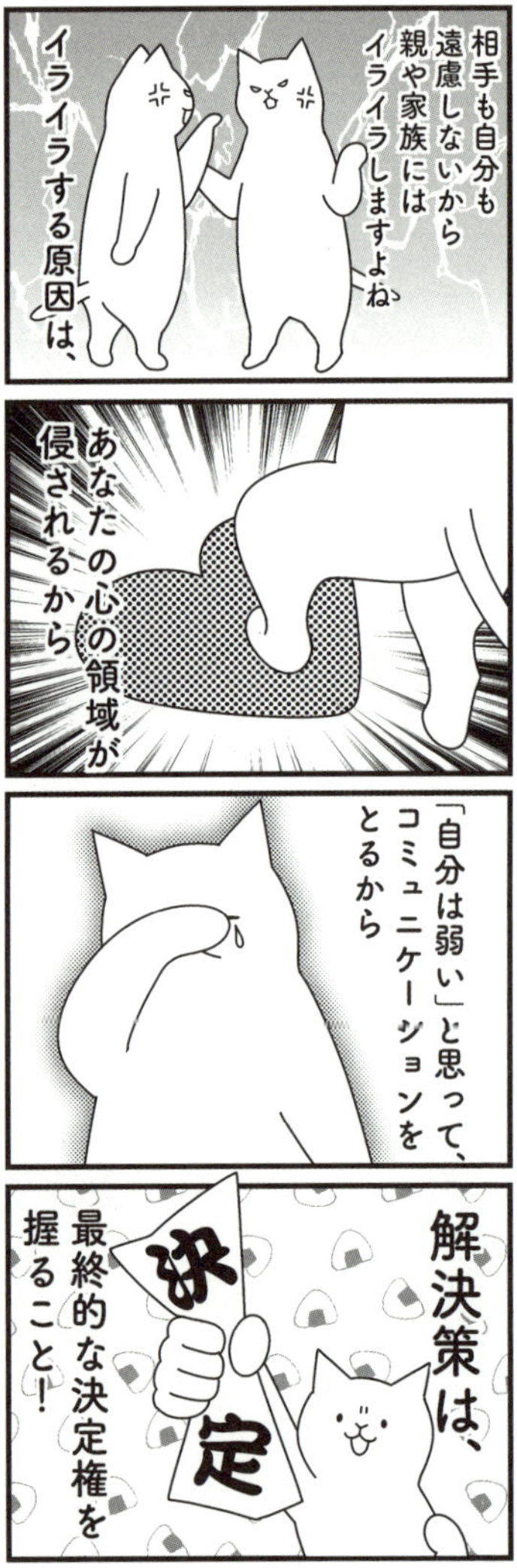

相手も自分も遠慮しないから エスカレートする関係

家族からあれこれいわれると、他人にいわれる以上にイライラしますよね。

相手も身内なので遠慮がありませんし、自分も感情的になりやすいものですよね。

そこかしこに、家族にイライラする話はあふれています。

結婚に関して、自分の考えを押しつける親とそれを嫌がる子ども。

我が子の残業が多い様子を見て、ブラック企業に勤めているのではないかと心配する親。

フリーランスや起業などの新しい働き方に理解のないパートナー。

年齢不相応な服や髪形だと注意する親。

子育てがうまくいっていない原因を「あなたが働き過ぎて子どもを見ていないからじゃないの」と非難して、不安をあおってくる親やパートナー。

散らかった部屋を見てだらしないと批判する家族。

……などなど、身内だからこそ心配して耳の痛い話をしてくれるのですが、**痛烈な言葉の数々に傷ついて、刺激されてイライラさせられるのも事実**です。

家族間で怒りを抱えた結果、疲れを癒やしてくつろぐはずの家庭が、居心地の悪い場所になるのはつら過ぎます。

ここでは、実家に帰るたびに親の発言にイライラが止まらないミチヤさんの例を見てみましょう。

家族の発言にイライラするミチヤさんの場合

家族の発言にイライラするミチヤさん（40代男性）。

たまに実家に帰ると、親の発言にイライラしています。そのため、前は年に2度は帰省していましたが、数年に1度しか帰らないようになりました。

周囲の友達は、親を旅行に連れていったとか、孫の顔を見せてあげたとかいろんな親孝行をしていて、その度に自分は親に何もしてあげられていないと自己嫌悪に陥っています。

ミチヤさんは帰省をあまりしないばかりか、最近では親からの電話に出るのさえおっくうに感じています。

親との会話の内容は、だいたい近所の同級生が結婚したとか、子どもが生まれたとか、そんな話ばかりです。

あるときには、ミチヤさんの健康診断の結果が悪いことを知った親が、

「栄養面をちゃんとしてくれる嫁を見つけていないからこんなことになる」

「おまえがちゃんと身を固めないと安心して死ねない」

などと時代錯誤なことをいい出しました。**ミチヤさんはあきれて、うんざりして、怒りを抑えるために黙っているのがやっとでした。**

「これだから実家には帰りたくないんだ」

怒りは「心身の領域」を侵されるとわき上がる

ミチヤさんのように実家が苦手な人は案外多くいます。他人なら触れないような領域にまで親は平気で首をつっこんでくるので、イライラしてしまうのでしょう。

怒りは「自分の領域を侵された」ときに発動する感情であるともいわれています。

身体的な領域を侵されるのも怒りの対象になります。

私たちは、「ここより近くに他人に入ってきてほしくない」というパーソナルスペースというものを持っています。

満員電車では、これが完全に侵され、他人と密着状態が続くため、不快感が増し、車両全体がイライラしていますね。

次は、心理的領域が侵されることです。

自分が思ってもいないことを、相手に「あなたはこう考えているでしょう！」などと決めつけられる。

「こうすべきだ」と、行動について指図を受けるとイライラする。

これらは、心理的領域が侵されたことで引き起こされるイライラです。

このように私たちは「自分の領域」に土足で侵入されると、「乗っ取られるのではないか？」「支配されるのではないか？」と警戒し、相手に警告を与えて侵入を食い止めようとします。そのために、怒りの感情が警報のように鳴り響くわけです。

こうして見ていくと、怒りは、私たちの「快適空間」や「精神的自由」を奪われないために、敵の侵入を知らせてくれる便利なアラートであり、この時点では決して有害なものではないのです。むしろ必要なものです。

しかし、怒りの感情に困っている人は、このアラートが激しすぎるか、アラートが鳴ったら必ず戦うしかないと思ってしまいます。つまり、視野の狭さ(行動レパートリーの貧困さ)が問題です。

家族とは、職場の人とも、恋人とも、友達とも違い、縁を切って全くの他人になることがかなり難しいのです。

また、多くの場合が経済的基盤まで共にしているので、「あなたはあなた、私は私」と領域を割り切って、アラートを鳴らさない方策が使いにくいのです。これが、イライラを起こしやすい原因です。

ここまでは、家族に一般的にいえることを紹介してきましたが、ここからはミチヤさんが「なぜ、他の友達に比べて実家を疎《うと》ましく思ってイライラしているのか」について もう少しみていきましょう。

「下向き矢印法」で本当の恐怖をあぶり出す

家族へのイライラが激しい人には、アラートが激し過ぎるか、アラートが鳴ったら必ず戦うしかないと思ってしまう、視野の狭さ（行動レパートリーの貧困さ）が影響しているのではないかと前述しました。

ミチヤさんの場合はどうでしょう。

まず、怒りのアラートが激しすぎる点についてです。

ミチヤさんは、親に結婚について口を出されることにイライラしています。ミチヤさんの親は、結婚するかどうかというミチヤさんの自由意志であるはずの心理的領域の境界線を思わず乗り越えてしまったのですね。

この境界線を越えられることに、ミチヤさんは非常に強い怒りを持っていました。

それは同級生が飲み会で「親が結婚、結婚ってうるさいんだよね」と笑って話すレベルよりもかなり強いレベルなのです。それが、苦しいのです。
なぜ、ミチヤさんは、ここまでこの境界線を越えられることに怒りを感じるのでしょう。

ミチヤさんには、こんな自問自答をしてもらいましょう。

これは認知行動療法の中でも、自分の気づいていないスキーマを洗い出す下向き矢印法という方法です。

「もし、親があなたの結婚についていろいろ口をはさんできたら、その結果どうなるのですか?」

➡「親がずっと干渉して、俺の人生を支配するのかもしれない。これまでだってずっとそうだった」

➡「親が干渉してあなたの人生を支配すると、その結果どうなるのですか?」

➡「俺は進学先や就職先だけじゃなく、結婚相手まで親に決められるのかもしれない」

➡「あなたが結婚相手まで親に決められるとしたら、その結果どうなるのですか?」

➡「俺は死ぬときに、あーあ、自分で自分の人生も決められない弱虫な人生だったと死ぬほど後悔すると思う。全く幸せじゃないと思う」

この分析で、ミチヤさんが本当に恐れていることがあぶり出されました。ミチヤさんは、「自分は弱くて、親に太刀打ちできないと思い過ぎている」ようなのです。

ミチヤさんは、自身が話しているように、これまで進学先や就職先まで親に口出しされて決められてきました。

両親とも高学歴で高収入のいわゆる「成功した人生」を歩んできた人たちなので、ミチヤさんはなかなか逆らえなかったのです。

反抗期もありませんでした。

反抗するよりいうことを聞いておいたほうが得しそうでしたし、もし反抗などしようものなら、理詰めでつぶされていたでしょう。

ミチヤさんは40代になった今でも、両親に頭が上がらないのです。そのため、今や70代の両親の発言に対しても、まるで10代の頃のように従ってしまいそうになります。

これでは、自分の人生が乗っ取られてしまう、という不安から実家に近づけません。

つまり、ミチヤさんは「自分は弱くて両親に太刀打ちできない」というスキーマがあるから、より両親からの助言を警戒し、怒りを発動させて身を守っているといえます。

とすれば、この「自分は弱い」というスキーマを見直してみることが、イライラを鎮める近道でしょう。

まだまだミチヤさんのイライラの理解の途中ですが、ここでひとつ、「自分は弱い」ということに関するスキーマのチェックリストを見てみましょう。

「自分は弱い」と思っていないかチェックしてみよう

□ついつい強がり見栄を張ってしまうことがある
□押しの強い人は苦手だ
□初めての場所や人間関係に入っていくのは苦手だ
□人と競争するとか、自分が評価されるという場面を避けがちだ
□人との対立を過剰に避ける

いかがでしょうか？

多く当てはまるほど、「自分は弱い」と思い込んでいることになります。自分が弱いと思っていると、自分より強い人に対して恐怖を感じ、太刀打ちできないと感じて避けがちです。

避けられない場合には、少しでも自分を強く見せたくて、演じたり、見栄を張ったりすることでしょう。

この「自分は弱い」というスキーマは、身を守るために役立つこともありますが、ハリネズミのように防御する代わりに、誰かに本当の自分をさらけ出せなくなり、親密な人間関係を築きにくくなることもあります。

実は、ミチヤさんはこれまで友達にも恋人にも強がってきて、学校ではクールキャラで通ってきたので、人づき合いの範囲が狭く、しかも本当にくつろげる人間関係を構築したことがないようです。

また、ミチヤさんには、アラートが鳴ったら必ず戦うしかないという視野の狭さ（行動レパートリーの貧困さ）も見られました。

つまり、両親がミチヤさんの結婚に口を挟むときに、ミチヤさんが取っている対応は「そっけない返事で電話を早々に切ろうとする」、もしくは、「実家に帰らない」の二択であり、どちらも危険な状況を「避ける」という点で共通しています。

一般的に恐怖の対象は避ければ避けるほど、怖くなることがわかっています。

ミチヤさんは帰省しない間に、ますます自分の中の両親のイメージが怖くなっていきました。実態よりも、口うるさく感じてしまい、過干渉だと感じてしまい、両親が40代の頃の強いイメージがふくらんでいます。

スキーマが形成された当時のイメージは強烈で、私たちはよくその頃の記憶と現在を錯覚します。

今40代のミチヤさんも、恐ろしいと思っているときには10代の心に戻っているのです。

こんな恐怖の中、ミチヤさんはもともと不器用ですが、ますます対応のレパートリーを狭めてしまいます。

あなたは、親の小言に対して、これまでどう対応してきましたか？

親の言葉をまるで聞いていない人もいれば、

・受け流す

・おどけてみせる
・きっぱりはねつける
・うやむやに答える
・「そのうちね」と先延ばしする
・「同意していて努力しているが、できないんだ」と伝える
……など、いろんな方法がありそうです。

ミチヤさんにこれだけの技があれば、人生を乗っ取られずにすむと思いませんか？

また、このように相手が関係している悩みには、相手との問題において現実的に目指せそうなゴールを考えることも大事になってきます。

70代の両親が、今さら考え方を180度変えて、

「ミチヤ、お前のいう通りだ。昭和の価値観を押しつけてごめん。結婚するかどうかなんて今の時代は自由だ」

といってくれるようになるでしょうか？

おそらく無理でしょう。時代は目まぐるしいスピードで変化し、価値観も昭和とは比べものにならないほど多様化しました。そんなスピードに両親がついていけている

可能性は低いのです。

ミチヤさんは、現実的にはどのくらい両親に期待できるのでしょうか。

一般的に70代はもう、人生経験に裏付けられた自分なりの価値観や生活スタイルが確立していて、変える必要を感じていないし、大病をわずらうなどの価値観を変える大きな体験でもない限りは変えたくても変えられない場合がほとんどです。

この点においては、ミチヤさんが両親の側の領域に境界線を越えて踏み込み過ぎないことも必要そうです。

「そうだね。父さん、母さんとしては一人息子の食生活が心配なんだね」

そんなふうに、両親がどんな思いを持つのも自由であることを保障しながら、受け止めてあげるといいでしょう。お互いに境界線を守るわけです。

さて、ここで、あなたにも境界線をチェックしていただきます。

相手があなたの境界線を乗り越えてきていないかチェックしてみよう

現在イライラしている相手を思い浮かべてお答えください。

□その人はおせっかいだ
□休日の電話やメールなど、自分のプライベートな時間に侵入されることが多い
□勝手に自分の部屋をのぞかれたり、私物を使われたりする
□スマホをのぞかれたり、交友関係に口を出されたりする
□飲み会などの会合への出席を、自分の了解なく勝手に決められている
□こちらの意思と関係なく店や遊びに行く場所を決められる
□「こうすべきだ」「〇〇してはいけない」と指示されることが多い
□あなたが好きなように時間を費やすと機嫌が悪くなる

チェックが多くつくようでしたら、相手はずいぶんあなたの境界線を乗り越えてきています。

自分のイライラの原因が「相手から境界線を乗り越えられているからだ」とわかれば、対処は次のようにしていけばいいでしょう。

子ども時代の関係性に戻っていないか？

ここまでで、私たちは物理的、心理的領域の境界線を越えられたときに、怒りがわくこと、それが「自分は弱い」というスキーマの持ち主であると、より顕著になることがわかったと思います。

それでは、両親に対するイライラに対して、ミチヤさんは何ができるのでしょうか。

まず、ミチヤさんにやってもらいたいのは、「自分は弱い」スキーマのアップデートです。

ミチヤさんは、社会的に成功していて、口の立つ両親に育てられ、進学先や就職先に口を出されてきました。

しかし、それは20代前半までのことです。今やミチヤさんは40代で、経済的にも自立してひとり暮らしをしています。

職場では役職にだってついていますし、プライベートでは友達もいます。ひとりでしっかり意思決定できる中年です。

にもかかわらず、ミチヤさんは両親が相手となると10代くらいの感情を思い出してしまいます。スキーマとはそういうものなのです。

だからこそ、この10代の感情で受け止めてしまう自分に**「ちょっと待て。君はもう40代になった。もう立派な中年としてよくやっている。弱くなんてない」**と教えてあげないといけません。

両親にも長い年月を経て変化がありました。退職し、以前より髪も薄くなり、背中も丸くなって、疲れやすくなった70代なのです。

ミチヤさんに厳しい声をかけていた両親は、今や遠方で働く息子を心配する昭和のおじいちゃん、おばあちゃんになりました。

このように考えると、こんなに変化があったというのに、以前と同じ「偉大な両親が息子に助言する」構図が変わっていないのは不自然です。

「そうだ。冷静に考えてみたら、もう俺は45歳。なかなかの中年じゃないか。なのに両親の助言で影響を受けすぎなんだ。親の前だと子どもの頃の関係に戻ってしまいがちだけど、俺はもうひとりでちゃんと生きてるんだ。もう弱い自分なんかじゃない」

ミチヤさんはそう決意して実家に向かうことにしました。行きの電車の中で、今度は頭の中を整理しました。自分と両親との間の境界線を引き直し、それぞれの領域にある課題を仕分けてみたのです。

人間関係において何か問題が生じているときには、「こちらの領域」「相手の領域」、そして、「両者の領域が組み合わさっている領域」に分けて考えることです。

それぞれになんらかの問題があり、そこの解決の責任は「こちら」「相手」「両者」と、それぞれに分けて考えると混乱しません。

具体的には、**ミチヤさんの領域にある問題と両親の領域のある問題、そして、親子の組み合わせだからこそ生じた問題に分けて考え、それぞれに解決を目指せばいいととらえ直す**のです。

ミチヤさんの領域にある問題は、年齢の割には両親の言葉にふり回されていて、きちんと反抗期を経験していないことではないでしょうか。

境界線を守るために常に戦う必要はありません。

しかし、跳ね返す力が弱く、逃げがちでした。また、日頃から自分で決断すること、その決断に責任を持つことも避けがちだったかもしれません。

「自分の問題」と「相手の問題」をごちゃ混ぜにしない!

これらの問題については、ミチヤさん自身に解決の責任があり、これを他人や親は肩代わりしてあげられません。

ミチヤさんが、**「境界線を越えてくる両親にうまく対応できるようになる」**ことや、**「日頃から自分で決断できるようになる」**ことを練習していくことが必要です。

両親の領域にある問題は、我が子がもう40代にもなるというのに、際限なく口を出してしまうことでしょう。

もう少しさかのぼれば、我が子に自己決定の場を与えず、支配してきたことも問題です。

また、昭和の結婚観を持ち、息子を心配する気持ちはあって当然ですが、それを押しつけるのは境界線を越える行動です。

これらの問題については、両親が自覚して改善していく必要があるわけです。

そして、この親子の組み合わせだからこそ生じている問題は、我が子に自己決定させずに支配する親と、それに甘えて美味しい思いをしてきた息子という組み合わせです。双方にメリットがあるからこそ、この構図は長年保たれてきたというわけです。

これらの問題について、ベストなのは親子で自覚した上で、「ここからは俺が自己決定するからね」「うん、見守っておくよ」という合意がとれると改善は早いでしょう。

いかがでしょうか？

仕分けをしてみるとスッキリとしたものですが、**親子で揉《も》めるときは本来自分が解決すべき問題を、相手の問題だと誤解して相手に解決を求めていることが多くあります。**

たとえば、仕事で全然昇進できず、上司にその理由を「決断力に乏しく、チームを引っ張ることができないから」といわれた場合に、「俺が昇進できないのは、これまでおまえたち（両親）がとことん俺に指図してつまらない人間にしたからだ」と責める場合です。

いまや40代になったミチヤさんの仕事への評価は、ミチヤさんの働き方次第であり、ミチヤさんの領域の問題であるにもかかわらず、両親の問題であり、解決してくれといっているのですからおかしな話だということになります。

反対に、両親がミチヤさんに「あなたが結婚しないと、安心して死ねないじゃない」というのも同様です。

未婚の息子を心配する気持ちをいだくのは自由で、両親の領域で思う分にはしかたがないことです。しかし、それで「安心して死ねないじゃない」と、息子の領域の意思決定に対して脅しを入れるのは間違いです。

電車の中で、自分と両親、そして双方の領域にある問題と解決の責任を仕分けてみると、親に対して何も主張しなくても（わざわざ喧嘩して親を困らせなくても）、ちょっと冷静になって事態を静観できました。

「親は親の世代のセオリーがあるんだな。でも、俺には俺の領域があるんだ」

「発言」と「心で思うこと」は一致しなくていい

こうして境界線を脅かされていることや「自分は弱い」というスキーマがイライラの原因だとわかると、ちょっと落ち着いたミチヤさん。

自分の人生の責任は自分にしかないことも改めて意識すると、親の小言が「助言」に思えるようになりました。

実家に到着して夕食を食べながら、やはり母親がこう口にしました。

「最近はちゃんとした物食べてるの？　食べた物で体はできているんだから、気をつけないと。病気にでもなったら、今の仕事だってなかなか続けられないわよ。本当に、身の回りのことを世話してくれる奥さんがいてくれないと心配」

「わかったよ。ご助言ありがとう」

こういえたミチヤさん。でも、心の中では**「助言としては聞くけど、どうするか決めるのは自分だけどね」とつぶやいています。**

不思議と今までのようなイライラは出てきませんでした。その代わりにちょっとだけ寂しい気持ちがありました。ひとりで実家の風呂に入りながらぼんやり考えました。

「本当はもっと親に自分のこと理解してもらいたかったけど、あの世代の親には無理だろうな。ちょっと悲しいけどしかたない」

今回の帰省では、父親は何も干渉してきませんでした。心なしか、ちょっと声が弱々しくなったようにも感じました。

親の期待に沿うように、自分は結婚して孫の顔を見せてあげられなかったけれど、もう十分親孝行はしてきたような気もしました。ミチヤさんはこうして、久しぶりに実家に一泊できたのです。

家族との関係においてイライラしやすい「タイプ」と「怒りへの対処法」【まとめ】

●こんなタイプの人がイライラしてしまう

それでは、この章の内容をまとめましょう。

家族との関係でイライラしてしまう人には、**相手との間に境界線を引くことが苦手な人が多い**ものです。

本来ならば親しい家族同士においても、「これは自分で決めることで、相手の決めることではない」とか、「ここは相手がどんなに心配してくれたとしても、自分で解決するしかない」というような飛び越えられない線引きがあるものです。

そして、この境界線を相手に越えられるときに、イライラが引き起こされます。

●イライラへの対処法

家族との関係でイライラしてしまう人は、次のような対処法が有効です。自分に当てはめて考えてみてください。

境界線を意識することで、**「いろいろ助言してくるのは相手の自由だが、最終的な決定権は自分にある」と思えると、イライラや、怒りの状況と距離を置くことができます。**

自分も相手の過干渉に対して「変わるべきだ」と境界線を乗り越えた認知を持つのではなく、「あの人が変わるか変わらないかは相手が決める問題だ」と考えるといいでしょう。

次の章では、「どうしても許せない」という、しつこい怒りへの対処法をご紹介していきます。

第６章ポイント

イライラの原因

・身体的、心理的な領域を侵される

・「自分は弱い」と思い過ぎる

・子ども時代の感覚を引きずったコミュニケーション

怒る前にできること

・自分の成長や変化を自覚する

・話は聞きながらも、自分が決めることはゆずらない

どんどん怒らない
体質になってきてるよ！

第7章

恨みを消す技術

～イライラを成仏させるには？～

どうしても許せない人、いませんか？

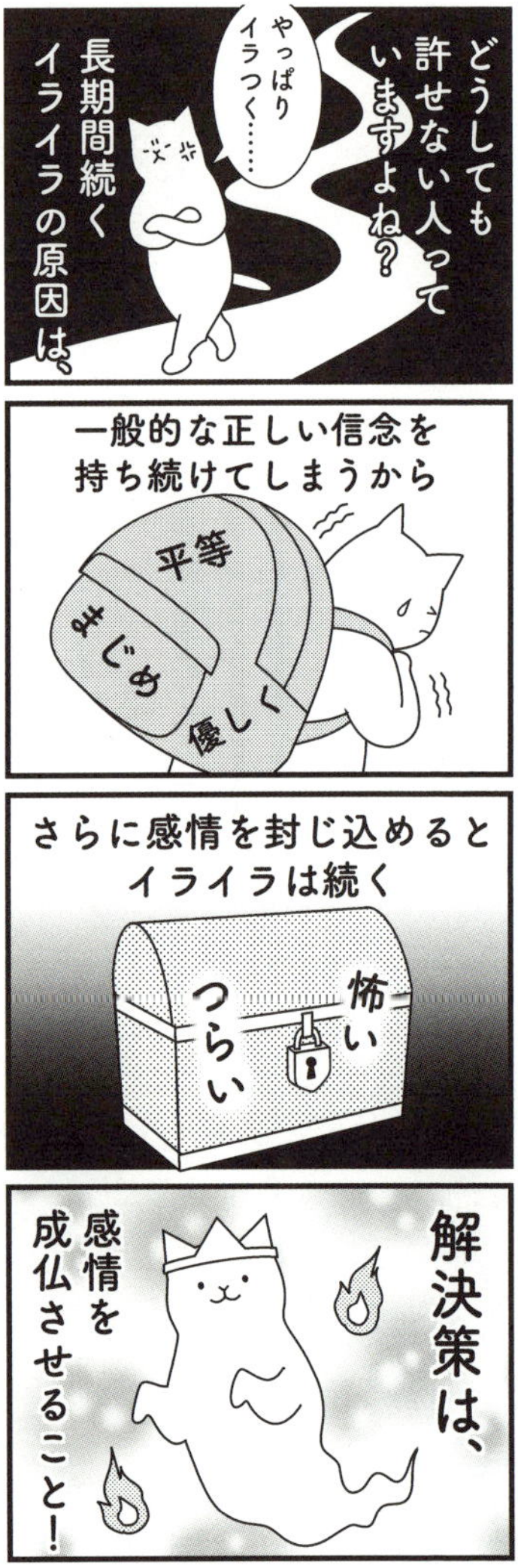

数カ月間から数年、数十年と怒りを抱き続けていることはありませんか？

たとえば、「学生時代のマラソン大会で『一緒に走ろうね』といいながら、裏切ってひとりでさっさと行ってしまった同級生」といったちょっと悔しい思い出から、「お金を貸したらそれっきりになってしまった友人」のような、なかなかつらい思い出。「調子のいい奴だとは思っていたが、まさかあんな裏切りをするとは」「親友に恋人をとられた」など、恨みに近いものもあるでしょう。

この長期間にわたる怒りは、本当につらいものです。ずっと記憶に残り続け、ひどい場合には年月が経つにつれて熟成していく恨みもあります。

長期化した怒りは、瞬間的な怒りの爆発とはまた違った悪影響があります。長期間嫌な気持ちが続くだけでなく、**「今」を生きることが難しくなる**のです。これが、最大の悪影響です。

いつまでも「過去」にとらわれ、縛られる。

そのせいで、目の前の仕事に没頭できず、楽しめない。人間関係でも、素直に人を信頼できない。希望を持ち、自分らしく生きている感じがしない。

この章では、この「恨み」についてどのように理解し、対処すればいいかをお伝えします。

中学のときの担任が許せないサトルさんの場合

サトルさん（30代男性）は、中学のときの担任の教師のせいで、大人が信じられなくなって、学校が嫌いになったといいます。

担任は、サトルさんが「課題が間に合わないので、もう少し待ってもらえませんか」といっても、「みんな期限までに課題を提出しているのだから例外は認められない」と一律な対応しかしてくれず、なかなか共感しながら話を聞いてくれませんでした。

あるときには、「同じクラスの人から避けられている気がする。教室に居づらい」と助けを求めましたが、「避けられているなんて気のせいだ。同じクラスの仲間じゃないか。信じろ」といわれました。

サトルさんは、「相談したことは絶対にクラスでは誰にもいわないでほしい」と担任に懇願《こんがん》していたにもかかわらず、クラスのみんなの前でサトルさんの名前を挙げて、いじめ防止の呼びかけを行ないました。これは、逆効果でした。

サトルさんはその日を境に、ますますクラスに居づらくなって、やがて完全に不登校になりました。

「この出来事をきっかけに、担任みたいに無理強いしたり、秘密にする約束を破って裏切る人が苦手になった。

そのせいで、どの職場でも上司が信じられず、ストレスに弱くなって、仕事がなかなか続かなくて、転々としている」

サトルさんは、これまで6回の転職をくり返し、ここ1年は無職です。

転職するときに、自分なりにルールを決めていて、年収が下がるような転職ではなく、必ず上がるような会社を受けるようにしています。

プログラミングの高い専門技術を持つサトルさんは、転職しても確実に年収を上げてきました。しかしここにきて、うまくいきません。

貯金を切り崩しながらの生活で、仕事を探してはいるのですが、ハローワークに行くたびに惨めな気持ちになり、担任の顔がちらつくと怒りがわいてきて冷静でいられないのだそうです。

「あいつはまだ教師として仕事を続けているんだ。俺は卒業して10年以上経っても苦しんでいるのに許せない」

サトルさんは苦しそうに眉間《みけん》にしわを寄せます。10年以上が経つのに、サトルさんはいまだに中学のときの悪夢を見るのです。

前職もその前の職場でもサトルさんの専門技術は非常に高く、同僚や上司から喜ばれました。にもかかわらずサトルさんはこう考えています。

「あいつらが狙っているのは俺の技術だけ。しょせん、いつかは裏切るんだ。陰で何をいってるかわからない」

こんなふうに周囲に不信感しか持っていないので、サトルさんは友達もいなくてひとり暮らしの家で孤独に暮らしています。

恨みは「感情のタイムスリップ」を何度も引き起こす

あなたはサトルさんの話を聞いてどう思いましたか？

「せっかく高い専門技術を持っているんだから、過去のことなんてさっさと忘れて活躍したらいいのに。もったいない」

そんな励ましの声が聞こえてきそうです。

「過去と他人は変えられないっていうじゃん。今できることに集中しよう」と、自己啓発書のような助言をしたくなる人もいるかもしれません。

「サトルさんって粘着質ね。もう過去は過去なのよ！」と、ちょっと異常性を感じる人もいるかもしれません。

実は、サトルさん自身もこう思っています。

「自分だって、もう10年以上前のことを、いまだに引きずるなんてバカげていることはわかっている。好きであんな悪夢を見ているわけじゃない。

ハローワークで、誰が好き好んであの担任のことを思い出す？　自分だって前に進みたいのに、勝手に邪魔されるんだ」

サトルさんの最後の言葉に注目してください。

「勝手に邪魔される」です。これこそが、サトルさんの苦しさをよく表した言葉です。

好き好んで思い出すわけではなく、勝手に現在の思考の中に過去の思い出が侵入してくるのです。

このように私たちはものすごくつらい苦しみ、ショックを体験すると、それが本人の意図とは関係なくくり返し思い出され、私たちの思考に侵入してくることがあるのです。

それは、明確に「あの人のせいで今の自分はこうなった」と意識していなくても、何度も嫌な思い出として蘇《よみがえ》ります。

目の前に映像のようにありありと浮かんできて、再体験してしまうこともあります（フラッシュバックと呼ばれる現象です）。

サトルさんが身につけたプログラミングの専門知識を活かせる職場で、成功に邁進《まいしん》している最中にも、思考に過去の思い出が侵入してくるのです。

周囲から評価されるといううれしい出来事があっても、ひとりでぼーっと車を運転していると、嫌な担任の思い出が侵入してきて、あっという間にサトルさんを現在から過去に引きずり戻すのです。

サトルさんのように、「今」を生きずに、過去を生き続けてしまう人は少なくありません。

私はカウンセリングやグループセラピーの場面で、「自分のこれまでの歴史」について語ってもらいます。

サトルさんのように、ある特定の出来事を語る際に、まるで過去にタイムスリップして、その出来事をリアルタイムで体験しているように怒り出す人は割といます。

このような感情のタイムスリップは、悲しい出来事を語るより、怒りに関する出来事を語っているときのほうが起こりやすいように感じます。もう何十年前のことでも、興奮がおさまらず、聞いているこちらも怖くなるほどです。

そのぐらい長年蓄積され、熟成された恨みはパワーを持ち、持ち主や周囲への破壊力ものすごいということを日々痛感しています。

「恐怖」と「感情の回避」で前に進めなくなる

サトルさんは懸命に前に進もうとしているのに、なぜこれほどまでに怒りの記憶は、過去に引き戻す強力な力を持つのでしょう。

ひとつは、やはり**中学生当時のサトルさんが強い恐怖を感じたからでしょう。**

恐怖という感情は、人間が外敵から身を守るために最も重要な感情といわれています。

生存するための本能に根差した感情なので、そう簡単に忘れてはならないため、くり返し出てくるのです。

もうひとつは、**サトルさんがある感情を抱くことを回避してきた可能性があります。**

サトルさんは不登校になり、通信制の高校に進学しました。「また学校に行けなくなったらどうしよう」と考えた末の選択でした。

しかしその後、大学、就職と進む際には、ものすごく不安を感じたそうです。

サトルさんはコツコツ勉強するのは好きで得意でしたが、教室に入って友達や先生と接するのは恐ろしくてたまりませんでした。就職してからもそうです。サトルさんは教室や職場の人間関係、つまりずっと社会を恐れてきました。

もっというと、人間関係が円滑に保てない自分の社会性の低さから目を逸らしたくて、みじめで愛されない自分を認めたくなくて、「うまくいかないのはすべて中学の担任のせいだ」と担任を責めることで問題を外在化して否認してきたのです。

心理学では、避けていればいるほど不安（恐怖）は大きくなることがわかっています。

この避ける行為に否認は含まれます。つまり、**現実でうまくいかない理由を考える代わりに、すべてを担任への恨みに変換してきた**というわけです。

その結果、本人でも驚くほどに恨みが巨大化し、コントロールを失い、たびたびサトルさんの日常を阻害していたのです。

さて、サトルさんはどうすればいいのでしょう。

目の前のことに集中する2つの方法

サトルさんには、2つの方法を実践してもらいましょう。

まずは、**長年向き合わずにきた「社会が怖い」という感情および等身大の自分に向き合う作業**です。さらっと書きましたが、この作業はとてもつらい作業です。

うまくいっていないことを実感している時期に、等身大の自分を見つめて、「ああ、自分ってこんなちっぽけなんだ」などと痛感させられるのですから、みじめで逃げ出したい気持ちになるでしょう。

目を逸らしたいでしょうし、「あいつのせいだ」と責任転嫁したくなるでしょうし、中にはお酒でもないとやってられない！ という人もいるでしょう。

転職が6回に及んだサトルさんは、若者向けの仕事サポートセンターで相談員に初めてこういえました。

「実は、もう働くのが怖くてしかたないんです」

こんな弱みを人にさらけ出したのは記憶にないくらい昔のことで、サトルさんには敗北に思えました。

しかし、もうあとがありません。失業保険も切れてしまうのです。

相談員はサトルさんの話を最後まで優しく聞いてくれて、励ましてくれました。サトルさんが欲しかったのは、こういう気持ちを受け止めてくれる場所だったのです。

サトルさんのように、これまで向き合わずに封じ込めていた気持ちが、いわゆる成仏できれば心はずいぶん軽くなるものです。

この恐怖から逃げたりごまかしたりせずに、真正面から味わって、「**つらかった！**

怖かった！　今でも怖い！」と認めることが第一歩なのです。

そうすると、感情を心の奥底に封じ込める力（抑圧）を使わなくてすむため、そのエネルギーを目の前の問題に注ぐことができるのです。

こうして、まずは心の重しがちょっとだけ軽くなりました。

次にサトルさんが試したのは、**「〝今〟何にエネルギーを注ぎたいのか」を明確にすること**でした。

具体的には「人生で大切にしたいもの」について掘り下げることで、「過去」が頭に侵入してくるたびに、「人生で大切にしたいもの」に焦点を当て続けて「今」を取り戻せるようにしたのです。

「もしも、担任のことを考えずに済むなら、本当は何をしたい？　今、何をしていたかったか？」

サトルさんは、こう自分に質問をしました。

「自分が好感を持てる人は、不器用だけど誠実な人。

これまで自分が没頭できたのは大学時代の教育実習だった。

クラスではどちらかといえば目立たない生徒に声をかけて、がんばったことを褒めてあげたんだ。まるで昔自分がしてほしかったみたいに。

そんな、乗り遅れているような人を救い上げるようなことがしたいんだ。具体的にはまだ浮かばないけど。そういう誠実に頑張っている人が報われる世の中にしたい」

嫌な記憶がフラッシュバックしてきたときの対処法

過去にとらわれ、現在を生きることと、自分の本当にしたいことを見失っていたサトルさん。感情に向き合って、現在の等身大の自分を直視するのは非常につらいものでした。

また、サトルさんは「担任にさえ出会わなければ、本当は何がしたかったのだろう」という問いから、「乗り遅れている人を救い上げるようなことがしたい」と気づきました。

「誠実に頑張っている人が報われる世の中にしたい」と口にしていたら、相談員さんに小学生向けのプログラミング塾の講師をすすめられたそうです。

サトルさんが働いてきた分野とは全く異なる職域ですが、チャレンジできそうです。サトルさんならきっと、落ちこぼれがちな生徒もしっかりサポートすることができます。


プログラミング塾の仕事がスタートすると、サトルさんはさすが現役プログラマーの才能を存分に発揮しました。それだけでなく、授業が終わってもわからないところを最後まで詳しく教えてくれる誠実さが評判を呼び、人気の先生になっていきました。

小学生から手書きのお礼の手紙をもらうほどでした。

当然、サトルさんが長年抱えていた恨みや悪夢はすぐにおさまったわけではありません。

しかし、ふと昔の学校の記憶が侵入してきて、嫌な気持ちになったときには、すかさず小学生にもらった手紙を読み返すようにしました。

まだ幼い手書きの文字を見ると「大丈夫。今はこうして俺も誰かの救いになっている」と自信をつけることができました。その瞬間だけはサトルさんが「今」を取り戻せる時間なのです。

長年の怒りの鬱積《うっせき》、恨みの醸成《じょうせい》は最もしんどい怒りの種類です。どうか少しでもそれらを手放して、「今」を生きられますように。

恨みを持ち続けやすい「タイプ」と「怒りへの対処法」【まとめ】

●こんなタイプの人がイライラしてしまう

それでは、この章の内容をまとめます。

特定の人への恨みを持ち続けてしまう人には、

「まじめにがんばっていれば人生はうまくいく」

「人を傷つけるような人は罰せられるべきだ」

「努力は正当に評価されるべきだ」

「みんな平等であるべきだ」

「普通の感覚なら、誰だって人に優しくしたいものでしょう」

などの、**一般的な正しい信念を持ち続ける人が多くいます。**それだけがんばって人生を生きてきた人なのです。

しかし、ある特定の人にそれを覆《くつがえ》され、ひどい目にあいました。自分が大切にしている信念を土足で踏みにじられて、傷ついて、

「この信念が正しいはずだ」

「だから、それを破る人を許してはならない」

「またひどい目にあわないように警戒していないといけない」

と考えるようになり、過去への固着を生んでいるのです。

過去に注目し、現在を警戒して生きているので、今の楽しみやこれから本当に人生でやりたいことに目を向けられていません。

現在がおろそかになると、幸せを感じられず、目の前の人を信じられません。

●イライラへの対処法

恨みの気持ちをなかなか手放せない人は、次のような対処法が有効です。自分に当てはめて考えてみてください。

まず、試してみてほしいことは、**感情の成仏**です。

まだ誰にも怒りについて話していないのならば、気持ちを吐き出します。語ることそのものが解決につながるわけではありませんが、私たちは怒りなどのネガティブな感情を抑圧するのに相当なエネルギーを費やしています。外に出して手放すことで、そのエネルギーを「現在を生きる」ことに使えます。

次にしてほしいことは、**「もしその恨みを持たずにすんでいたら、本当は人生で何をしたかったのか」を明らかにする**ことです。

それに向かってエネルギーを注ぐための計画を立てましょう。

きっと恨みの気持ちは邪魔してきますが、「もう私は恨みを手放すんだ。私は今を生きるんだ」と、そのたびに行動計画に戻るのです。

これは敗北ではありません。これ以上過去の恨みに時間を費やさず、邪魔されないための方法なのです。

ここまでは、他人への怒りへの対処法を主に扱ってきましたが、次の章では、自分に対する怒りの扱い方をご紹介していきます。

第7章ポイント

イライラの原因

・「つらい」という自分の感情を認められない

・「怖い」という自分の感情を認められない

・一般的に正しいとされている信念を持ち続けている

怒る前にできること

・気持ちを吐き出す

・もしも恨みがなかったら「本当は何をしたかったのか」を明らかにする

かなり怒らない人の
考え方が身についてきたね！

第8章

やるべきことができない自分へのイライラにサヨナラ！

～自己嫌悪にならないための「行動する自分」のつくり方～

実は、他人よりも自分にイライラしていることが多い

自分自身にイライラすることって、ありませんか？

「もっと気の利いたことをいえばよかった……」と、自己嫌悪でいっぱいになる。

試験前に、ゲームやスマホに夢中になって、勉強しなかった。

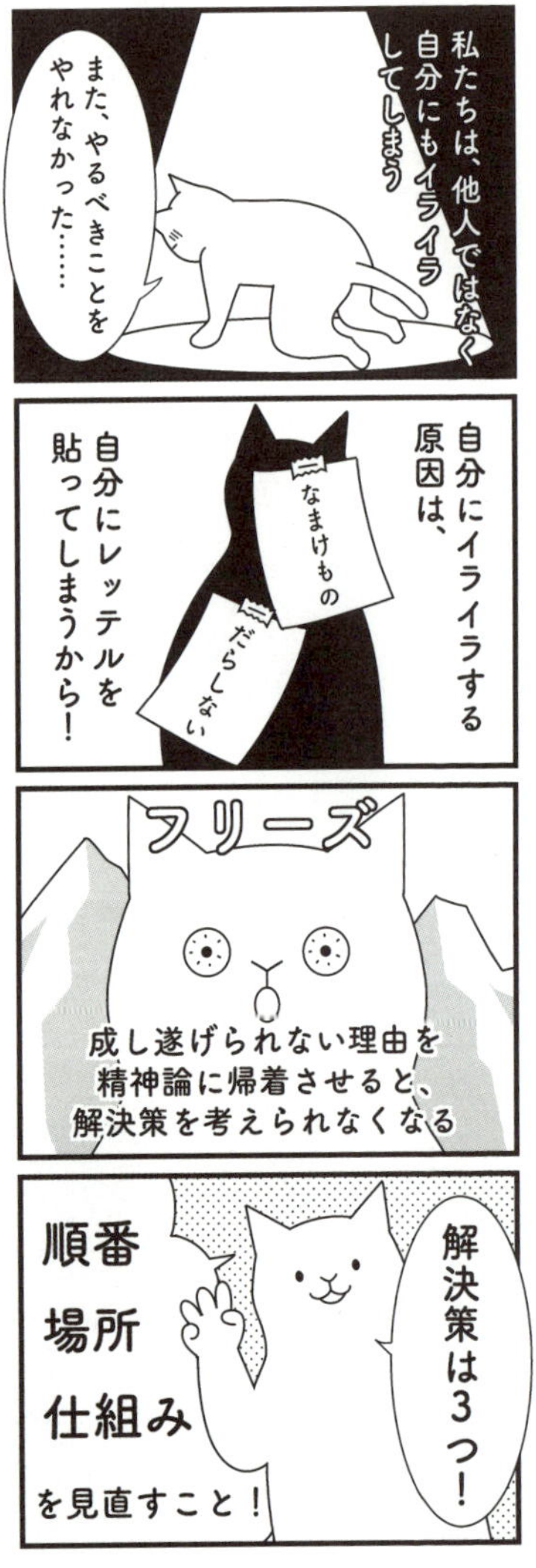

また今日も手をつけられない仕事があった。

めんどくさがらずに歯を磨いていたら、虫歯になることはなかった。

もう少し早く家を出れば、荒い運転をして車をぶつけることなんてなかった。

私たちの日常を振り返ってみると、他人に対して怒るより、自分に対して怒るほうが多いかもしれません。

一つひとつはたいしたことではなくても、ボディーブローのように毎日少しずつダメージが蓄積され、私たちの自尊心を低下させます。

本章では、自分へのイライラについての理解と対処法をご紹介していきます。

どうしても勉強にとりかかれない チサトさんの場合

43歳の会社員チサトさんは、勤務先が外資系会社に吸収合併されたので、急に英語の勉強をしなければならない状況になりました。

半年以内にＴＯＥＩＣを受験するように会社からいわれていますが、なかなか勉強が進んでいません。そんな自分にチサトさんはイライラしています。

チサトさんの日常はだいたい次のような感じです。

1日の仕事が終わって19時に帰宅します。仕事から帰ると玄関で倒れ込みたいくらい、ぐったりしています。

それでもなんとか重いカバンをリビングの床に置いて、「よっこらしょ」とクッションソファーに腰を下ろします。

タブレットでユーチューブを観ながら、買ってきたコンビニ弁当を食べます。同時にスマホもいじります。

お弁当を食べ終わると、ものたりなくてお菓子を食べてしまいます。ポテトチップスが気づいたら一袋全部なくなっていることもしばしばです。この時点で、帰宅して1時間が経過しています。

「あー、英語の勉強しなくちゃなあ〜。来月の試験、会場どこだったかな。

あー、めんどくさい。週末の休みが台無しだ。勉強しないまま試験を受けたって、どうせいい点数は取れないから意味ないんだよな」

そう思いながら、おもしろいわけでもないSNSをはしごして、興味のない動画を観続けています。

やる気の神様が舞い降りてくるのを待ちながら、スマホをいじります。

そのうち、チサトさんは睡魔と闘いながら、「お弁当の容器くらい捨てなくちゃ」「お風呂に入らなくちゃ」「英語の勉強をしなくちゃ」と考えます。

やるべきことはたくさんあります。しかし、1ミリもやる気が出ずに、ソファーから一歩も動けません。

これまでの人生、どうやって日常を送ってきたのか……。こう思ってしまうほど、体が動きません。

スマホで、「やる気が出ない」「勉強できない」と検索すると、うつ病に関する記事がたくさんヒットしました。

「私は何か精神的なことが原因で、こんなにだらしないのかな……。お弁当の容器すら捨てられないなんて……。

でも、こんなによく食べて、寝て、休みの日には遊びほうけてるうつ病なんて聞いたことがない。要は、だらしないだけなんだ……」

テーブルには、おととい飲んだジュースのペットボトルがそのまま置かれています。さらには、折りたたんでさえいない通販の段ボールが転がっていて、部屋は散らかっています。

こんな光景を見ると、**自分のことがどうしようもなくだらしない人間に思えて、自分にイライラします。**

そして、こんな嫌な現実から目をそらしたくて、ふて寝します。

メイクも落とさないまま、歯磨きもしないまま、電気もつけたまま、服も着替えないまま……。

こんなふうなので、眠りが浅く、寝ている間もうっすら意識がある状態が続きます。

寝苦しく、翌朝は自己嫌悪からスタートします。

「活性化エネルギー」不足で自分へのイライラが増す

このような夜の過ごし方を、最近では「風呂キャンセル」というそうです。

チサトさんは、自分を「だらしない人間」「どうしようもない人間」だととらえてイライラしています。

翌朝も、自分に対してのイライラと共にスタートするのですから、最悪な目覚めですね。

チサトさんがうつ状態かどうかの議論はここではやめておきますが、時間管理の視点から見れば、**「やる気だけに頼る『帰宅してから寝るまでの計画』はナンセンス」**だといわざるを得ません。

計画的に勉強することには、**脳の実行機能と呼ばれる働き**が関連します。

これは、脳の働きの中でもかなり高度な働きで、目標を設定し、そこまでたどり着くための計画を立て、集中を保持しながら計画を遂行するという一連のプロセスを指します。

これほど脳に負荷のかかる作業を、夕方以降という仕事でクタクタな魔の時間帯に実行しようとしているのですから、難易度が高いことがおわかりいただけるでしょう。

この時間帯にできる限り脳の負担を減らして、実行機能を働かせるには、「活性化エネルギー」という概念に注目して、帰宅後のルーティンを見直す必要があります。

活性化エネルギーは、認知心理学の分野の用語で、私たちがある活動に対して、「よっこらしょ」と取りかかるときに必要なエネルギーのことを指します。

活性化エネルギーは、活動の初めに最も多く必要で、始めてしまえば軌道に乗ってそう多く必要としないことがわかっています。

私たちが大そうじに取り組むときを思い出してみてください。

始めるまでは「ああ、今年も憂鬱《ゆううつ》だなあ。やりたくないなあ」と、取りかかるときはうんざりした気持ちですね。

しかし、いざ始めてしまえば、「どんどんきれいになってる!」とやる気になって、長時間がんばってしまうという人もいるのではないでしょうか。

この始めのうんざり感を打破して取り組むときに「エネルギーが必要だよな」とい

うのは経験的にもわかっていただけると思います。

チサトさんの風呂キャンセルの場合では、帰宅後ソファーにどかっと座ってコンビニ弁当を食べているところから、弁当殻を捨て、風呂に入り、英語の勉強をするという一連の活動に向けて、スタートを切るべきときに、活性化エネルギーが足りていないことがわかります。

ソファーから立ち上がってやるべきことが多すぎて、圧倒されているのでしょう。「とうていこんな山超えられそうにないな」と、現実逃避としてのスマホで動画視聴してしまうのもうなずけます。

自分を計画通りに動かす技術

ここからは、チサトさんのような「やるべきことができない自分へのイライラ」に対して、どのような対処ができるかを時間管理の視点から述べていきます。

●やる順番を見直そう

先にご紹介した「活性化エネルギー」の特徴に基づいて、帰宅後のルーティンの順番を見直すといいでしょう。

活動のスタートに最もエネルギーを使うという特徴を思い出してください。

それを考えると、職場から家まで歩いて帰ってその活動エネルギーのまま、休憩を挟まずに、一続きにご飯、風呂、勉強をすませたいところです。

しかし、これは理論上のこと……。

実際には、これらの活動を一気にこなせるほどエネルギーが残っていないのが夕方の私たちの特徴です。

帰宅してすぐにお風呂をすませれば、活動水準をキープしたままリフレッシュできます。

ここで少し充電してから、勉強と眠くならない程度の少量のご飯を交互に挟むとうまくいきそうです。

このように、できれば活動はひとつなぎにして一気に終わらせて、極力「よっこらしょ」を減らすとうまくいきます。帰宅後すぐに風呂に入るための合言葉は「玄関開けたら素っ裸」です。

●やる場所を見直そう

学生時代に「家で勉強できないから図書館でやった」という人は多いはずです。やるべきことがあるときに、場所にこだわるのはとても大切です。集中できる環境は一人ひとり違うからです。

チサトさんの場合には、「自宅はくつろぐ場所だ」と脳が覚えている可能性があります。

こうしたくつろぐモード全開の場所で、「よし！　今から勉強だ！」とやる気スイッチを入れるより、帰宅する前にカフェに立ち寄り勉強を終わらせるのも手です。玄関を開ける前の別の場所なら、まだ緊張感を保てる人が多いのです。

場所でやる気スイッチを入れる他の例をご紹介すると、どうしてもスマホを触ってしまい仕事にならない人が、Ｗｉ－Ｆｉの通じない飛行機では仕事が捗《はかど》る、レンタルオフィスに出かけて作業をすると集中できるということがあります。

●やる気を出す仕組みをつくろう

精神論だけに頼りすぎては、日々の勉強は続きません。仕事で嫌なことがあって、気力も体力も消耗しきっている日もありますよね。

そのようなときこそ、物理的な仕組みも利用して乗り切ろうとするのが認知行動療法の考え方です。活動の始めに最も活性化エネルギーが必要であることは先ほど述べた通りです。

言い換えれば、一歩目が最も難しいということになります。

この一歩目を非常に簡単でハードルの低いものにすることで、少ないエネルギーでもこなせるのではないかという発想が、「スモールステップ」という考え方です。

これは、難易度が高そうに見える大きなタスクを、クリアしやすい小さなタスクに分解して、ひとつずつ小刻みに完成させながら、「できた」「できた」と達成感を味わいながらモチベーションを維持していく方法です。

甲子園に行きたいという大きな目標も、スモールステップに分解すれば、最初の一歩目は、「自分の手にぴったり合うグラブを購入する」くらいかもしれません。

私は、臨床では「ちょろい一歩目を考えましょう」と呼びかけています。

他にも「絶対にしなくてはならない必然性をつくる」というのも非常に有効な手立てです。

たとえば、帰宅途中に健康ランドに立ち寄ることで、風呂キャンセルを防ぐのならば、そこで10枚つづりの入浴回数券を購入してしまうのはいかがでしょうか。

前払いしてしまえば、「お金がもったいないから、ちゃんと行こう」と思えるかもしれません。

●ほどよいプレッシャーを自分にかける

「部長、私は今年度中に、TOEIC700点を目指します」などと目標を周りに宣言してしまうのもいいでしょう。

周囲に監視してくれる人がいない場合には、同じ目標を持つ仲間を匿名で募集できる習慣化形成アプリ「みんチャレ」を活用するのもいいでしょう。

グループチャットのような形式のアプリで、「今日はTOEICの問題集を3ページ勉強しました」などと証拠写真を投稿して、仲間同士でやり取りするのです。

投稿した分のポイントが貯まって、そのチャット内で用いることのできるスタンプに交換したり、寄付できたりします。

仲間5人全員が達成できると、さらにボーナスポイントがもらえますから、連帯責任のような雰囲気のほど良いプレッシャーでがんばることができます。

●認知行動療法的に意味のあるごほうび

古くからある方法ですが、ごほうびの設定も有効です。

「TOEICで目標点に到達したら、何か欲しいものを買う」というような方法は、一見よさそうですが、認知行動療法の視点からいくと惜しいところだらけです。

ご褒美は、具体的に設定し、もっと短いスパンで手に入らなければ効果的ではないからです。

「何か欲しいもの」ではなく、「前から百貨店で下見して、ずっと欲しくて躊躇《ちゅうちょ》していた○○というブランドのあのバッグ」とか「うどんチェーン店で期間限定の桜エビのかき揚げうどん980円」のような具体性が大事です。

さらに、チサトさんの場合、TOEICを受験して、その結果が返却されるまでに少なくとも3カ月ほどかかりそうです。

3カ月後の豪華なご褒美より、今日もらえるプチギフトのほうが魅力的に映ることは多いものです。現に私たちは3年後の卒業証書より目の前のゲームに興じる学生を多く知っています。

「よっこらしょ」の回数を減らすのがコツ

チサトさんは、会社が終わってから翌朝までのルーティンを徹底的に見直しました。もうこれ以上、自分にイライラして、自分を嫌いになりたくなかったからです。

チサトさんの最大の敵は眠気でした。

コンビニ弁当を食べて満腹になった後の眠気が、すべてのやる気を奪っていることに気づいたのです。

また、家に帰るとくつろぎモードに入ってしまうこともわかりました。これは、帰宅前に勉強するスタイルで改善できそうです。

チサトさんが最初に試したのは、会社の近くのカフェでの英語勉強でした。

夕食は、眠気防止のために、カフェで最もヘルシーなメニューであるフルーツのみにしました。満腹になりすぎず、適度な甘みがあって疲れをとってくれました。

しかし、チサトさんはカフェでもまた眠気に襲われました。

「この時間帯に座ってしまうのはダメなのかもしれない」

いいですね。チサトさん。自分のやる気のせいにしたり、根性のなさに原因を求めたりすることなく、座る体勢のせいにして見直しているのです。

チサトさんは、英語の勉強法そのものについても見直してみました。

これまでは、専用のテキストの問題を解いていましたが、チサトさんの苦手なのはリスニングでした。

そこで、チサトさんは会社帰りにスポーツクラブに立ち寄って、英語を聞きながらエアロバイクを漕《こ》ぐことにしました。これならさすがに寝ることができません。

ついでに、運動習慣までつけることができたのは、デスクワークのチサトさんには一石二鳥でした。

そのままスポーツクラブで入浴して、帰宅してプロテインを飲んで就寝する生活に移行すると、家がくつろぐためだけの場所になり、頭も体もスッキリしたといいます。

こうしたルーティンの見直しで、チサトさんはイライラ自己嫌悪どころか、お風呂、勉強、運動までこなせている自分に自信がついてきました。

次のＴＯＥＩＣでどれほど点数が伸びるかは不明ですが、少なくともチサトさんの自尊心は回復しつつあります。

自分にイライラしやすい「タイプ」と「怒りへの対処法」【まとめ】

●こんなタイプの人がイライラしてしまう

それでは、この章の内容をまとめておきます。

自分が許せなくてイライラする人の特徴は、**やるべきことを成し遂げられない理由を精神論だけに帰着させてしまうこと**です。

できない自分の現実を細かく分析して対策を立てる代わりに「だらしないからだ」「怠け者」という精神的なレッテルを貼って、自分を責めるだけで肝心な「今後どうやって解決していくか」を考えていません。

●イライラへの対処法

1つ目は、**やる順番を見直すこと**です。

活動のスタートに「よっこらしょ」と最もエネルギーを使うのですから、やるべきことをひとつなぎ、もしくは、ついで作業にしてやってしまうようにします。

2つ目は、**やる場所を見直すこと**です。

これまで自宅で事務作業がはかどらなかったのなら、場所を変えます。自分にとってどのような作業場所が最適かをわかっておく必要があります。BGMはありかなしか、人の気配、開放的な空間か閉鎖的な空間か、時間制限のある場所かそうでないかなどの基準で最適な場所を複数持ちます。

3つ目は、**やる気を出す仕組みをつくる**ことです。

どうしても重い腰をあげることが難しい場合には、最初の一歩をごくごく簡単な課題にしておくスモールステップ作戦を用いるといいでしょう。タスクを分解して、少し行ない、すかさず自分にご褒美をあげる仕組みをつくるのです。

同じ目標を持つ仲間への定期的な報告や、家族からの見守りなどもいいでしょう。

第8章ポイント

イライラの原因

- 自分が「やりとげられない」理由を、精神論に帰着させる
- 自分を「だらしない」「怠け者」だと考える

怒る前にできること

- やる順番を変えて、省エネで行動を起こす
- やる気の出る場所を持っておく
- スモールステップやご褒美を用意する

いよいよ次の章で
終わりだよ！
さあ、今から怒らない人
に変わろう！

エピローグ

沸点を限りなく高めるために

～“怒ってからの対処”より「怒る前の工夫」が大事～

本書の内容をさっとおさらいします

本書で紹介した、怒りへの「理解」や「対処」のベースにあるのはいずれも認知行動療法の手法です。ここで総おさらいをしておきましょう。

イライラしやすいなと思ったときには、**まず睡眠が十分か食事のバランスが適切かから順にチェックしていく**のでしたね。

もちろん不足していればたっぷりと寝て、休んで、良質な食事をとることで、沸点は上がっていくでしょう。怒りにくい体質になれるということです。

次に、**自分の思考のクセを把握しておくこと**です。特に「〇〇すべき」という思考は他人に厳しく、イライラを生む思考でしたね。

また、**怒りのきっかけ（引き金）を特定し、可能な限り避けておくこと**もぜひ取り入れてください。

私たちは怒りの導火線に火がついてからできることより、火がつく前にできることのほうが多いのです。怒りを未然に防ぐ手立ては最も効果が高いのです。

スキーマという、思い込みについてもご紹介しました。本書では「人から愛されたい」「人から評価されたい」「自己犠牲」「自分は弱い」といったスキーマについて、怒りとの関係について触れました。

乳児期に形成された愛着が、大人になってからの人間関係のあり方を形づくってしまう、という**愛着スタイルについてもみていきました。**

安定した愛着が形成されていない人でも、安定型かのようにふるまうことで、イライラする関係から脱出し、心を通わせることができるという例も紹介しました。

不平等な関係性において、それとなく相手の期待から上手に降りていって、距離感を調整する方法も学びましたね。

親子のような非常に近い関係の中で境界線を飛び越えて過干渉をされるときには、問題と解決の責任の仕分けをすることで整理しやすくなりましたね。

熟成してしまう恨みへの対処法として、回避していた感情と向き合う方法や人生で大切にしたい価値に基づく行動で「今」を生きる方法も学びました。

本書のコンセプトは、怒りへの対処法を〝いかに安全に行使するか〟でした。

切るに切れない関係性の中で、できるだけ波風を立てずにイライラを解消していく方法をご紹介したつもりなのですが、あなたの置かれた状況にフィットしていたでしょうか？　あなたの性格に合う方法だったでしょうか？

「この方法は実践するのは少しリスクがあるかな」と判断したものに関しては、使用をお控えいただくのがいいかもしれません。

その場合、直接相手に何かいうなどのアウトプットは急がず、まずは、ご自身の心の整理にこっそり役立てていただければと思います。

私たちの置かれている状況は、実に複雑で、どの場合でも成功する唯一の方法はないのです。

しかし一方で、私たちは心の中だけは自由でいられます。

どんなにブラック企業や張り詰めた家庭、がんじがらめのコミュニティで苦しんでいる人でも、「この怒りはこう分類されるのだな」とか「こう整理できるのだな」と認知を変えることならできます。

時にはそれだけでも十分効果的なのです。

くり返し頭の中で再現される怒りは、安全刺激を入れて止める！

合わせてお伝えしたいことが、もう2つあります。

まずは、**「怒りが何度も再燃して、何度も思考をハッキングされる」**という場合の乗り切り方です。

第7章でご紹介したような、長年怒りを持ち続けて、コントロールを超えてしまった場合。

本人はもう過去のことは忘れて、目の前の仕事や資格試験、大切な人との関係に没頭したいのに、忌まわしいイライラの思い出や思考が脳をハッキングすることがよくあるのです。心理学では**「侵入思考」**といいます。

起きているときにも生じますし、夢の中でもくり返し怒りの発端となった出来事を見てしまいます。

忘れたいはずのことなのに、私たちは一度その出来事で「危機」を感じていますから、「また同じことが起こるのではないか」と警戒しているのです。そうして身を守ろうとしているのです。これは人の本能です。

こうした侵入思考は、生活の質を著しく落とします。仕事に集中できなくなり、ミスや遅延を生じさせます。

目の前の人との会話に注意力散漫になり、「聞いてるの？」と相手を不安にさせて人間関係を壊します。

どんなに素敵な場所に行って景色を眺めていても、おもしろいお笑いテレビを観ていても、おいしい料理を食べていても、侵入思考に気を取られていては、五感で味わえません。

こうしたときのおすすめは、**「安全な刺激で自分を充満させて、侵入思考の入り込む隙間《すきま》をなくす」**ことです。

ある人が、長距離の運転中に、くり返し忌まわしい過去の出来事が思い出されて、イライラしていました。慣れた道での運転中は、ついつい心が空っぽになって侵入思考が入り込みやすいのです。

そのため、この人には、好きな歌、確実に笑えてそのイライラエピソードとは似ても似つかない漫才の音声を流しながら運転してもらいました。

なるべく明快な内容のものを選ぶのがポイントです。

飽きや、怒りにつながる誘因を与えない、確実に無害でテンポのいいものがおすすめです。

その人は、サブスク契約のお笑い番組を大量にダウンロードしました。憂鬱だった運転時間に、侵入思考が入り込まず、なんとかやり切れているといいます。

運転中以外の、家でくつろぐ時間に侵入思考が入り込むこともよくあります。

入浴中や寝る前のような活動性が下がったタイミングが多いでしょう。湯船に浸かるときにも、スマホやタブレットで動画を流すのも良いでしょうし、マッサージ機や入浴剤を投入するなど、何かすることを決めて注意をそちらに向けるのがおすすめです。

寝る前も、日中しっかり体を疲れさせておいて寝落ちするまで動画を観て、気絶するように寝れば、難所を乗り切れます。

不健康に聞こえるかもしれませんが、侵入思考に支配されながら生き延びるのはつらいサバイバルなのです。

「最近やたらスマホ時間が長くなったなあ」という人は、無意識にこの侵入思考を追い出すための対処をしているのかもしれません。

そういう自分に気づいたら、「いいんだ。一時的にこうでもしないと私の精神は保てない！　日々を乗り切るために、他のもので埋めているんだ」と自分を慰めてください。

少し時間はかかるかもしれませんが、侵入思考に対してコントロール感を持つためにはてっとり早い方法です。

中には、侵入思考が現れたら、冷蔵庫に残った根菜類をひたすら包丁で切り刻んでミネストローネや豚汁をつくるという人もいます。

包丁でリズミカルにとんとん、とんとんと刻みながら、ちょっとした発散もできますし（恨んでいる相手を痛めつけるイメージを持つといいそうです）、やればやるだけ成果が出て、その後、体に優しいごちそうができるといった達成感も味わえます。なんと「生産的な置き換え」でしょう。

ちなみに、私も非常時には怒りと悲しみの根菜刻みを行ないますが、大根やにんじんは刻みやすくておすすめで、ごぼうとれんこんは難易度高めです。

さて、ここまで読まれて、

「侵入思考を防ぐためにお笑い番組を観たりするのは、一時しのぎにすぎないのではないか？　私が没頭したいのは目の前の仕事なのに」

こんな疑問が生じませんか？

そうなんです。まだこのステップでは、確かに集中すべきこと、人生で没頭したいことにはたどりつけていません。

生まれて初めてカツ重を食べる人のように

お笑いでもなんでも無害な刺激を先に配置することで、侵入思考を防いでコントロールできるようになってきたら、次に試していただきたいのは、**「現在」にアクセスすること**です。

目の前にいる人、目の前の仕事に焦点を当てるのです。

ここでおすすめしたいのは**「マインドフルネス」**という技法です。

グーグル社が社員教育の一環として取り入れたことで注目を浴びた方法で、丁寧に自分に生じた感覚に気づいていく作業のことをいいます。

たとえば、ランチのカツ重を目の前にして、いつもなら、

「あーあ、またあの過去の出来事を思い出してしまった。世の中どいつもこいつも腐ってるな。そして、午後からはあいつらと会議かよ」

と思いながら口に放り込むところを、まるで生まれて初めてカツ重を頬張る人のように、カツの重み、たちこめる湯気、やわらかい肉の触感などに集中するのです。

口いっぱいに広がる旨《うま》みとあたたかさと重み、喉を通る豊かな圧迫感、歯応えに一瞬でいいので注意を向けるのです。

昔のトレンディドラマ「東京ラブストーリー」で、主人公のビジネスパーソンが仕事の打ち合わせをしながらランチを食べようとするシーンがあります。

鈴木保奈美演じる赤名リカは、仕事の話をしながらランチするのが常でしたが、恋愛相手の男性から「ランチのときぐらい仕事の話はやめよう」と仕事の資料を、さっと取り上げられてしまいます。結果、2人でおいしくランチを味わうことになるのです。

まさにやってもらいたいのはこれなんです。**侵入思考を目の前の五感に集中するこ**

とで追い払うというわけです。

こんなふうに侵入思考に対するコントロールがついてきたところで、もう少し高度なマインドフルネスを試してみてもいいでしょう。

たとえば、長年、苦手意識を持っていて、イライラする相手と会議で同席しなければならないときに用いるのです。

過去にその相手からとんでもない嘘をつかれてだまされた経験があって、「またこの人だましてくるんじゃないか」という疑念を抱くのは自然なことだと思います。ただ、毎回疑念を抱いたまま一緒に仕事をするのは大変なストレスです。

ですから、その目の前の人を、ありのままに観察するのです。

自分の中に生じる疑念やイライラに気づきながら、それに飲み込まれてしまわずに、目の前の人の言動に焦点を当て続けるのです。

まるで生まれて初めてその人の表情、その人の声に注目するかのように、観察するのです。これまでの経験とは全く異なる、新しい経験として注意を向ける感じです。

この過程で、私たちはいつも陥りがちなパターンから抜け出すことができます。

たとえば、パターンとは、嘘をつかれるのを恐れるあまり疑い、相手を一切信用しないので、結果的にすべての仕事を自分がやる羽目になる、というようなことです。「一度裏切った相手を、また信じてまんまとだまされろ」といっているわけではありません。

必要以上に警戒して、イライラしてエネルギーを消耗している可能性があるので、新鮮な気持ちで相手を見直してみて、淡々と対応することに打開策があるかもしれないということです。

それでも、侵入思考はやっかいです。その人や出来事と距離をとれない限りは、何度も頭をかすめることでしょう。

そうしたときには、「また心の中に出てきたなあ」と気づきつつも、ずっとそれにとらわれてしまうのではなく、いったん横に置いておいて、また目の前の仕事に戻るという練習をします。

きっと本書を手に取ってくださったあなたは、なんらかの怒りの問題でお困りだったのだと思います。

本書ではいろいろな種類の怒りについてどのように理解して、対処すればいいかをご紹介してきました。どれかひとつでもあなたにフィットしたものだといいな、と願っています。

健全であるから怒れるということも忘れずに

最後に、怒りの別の側面についてもご紹介します。

うつの人へのセラピーを行なっていると、回復に向かい始めた頃、怒りが現れてくることがよくあります。

うつになる人は、本当は自分に責任のないことまでしょいこんだり、理不尽な相手に主張すべきところでも自己犠牲を払ったりする傾向にあるのですが、こうした自責的な傾向はうつの症状でもあります。

回復するに従って、「あ、私には責任ないじゃないか」とか「相手が理不尽すぎるでしょ」と気づけるようになるのです。

そしてここで、**健全な怒りが出てくる**のです。

こうしたとき、私はクライエントさんと一緒に「よかった。怒れるようになったのは健康な証拠よ」といって喜んだりもします。

これまで、怒らないといけない場面で、落ち込んで自分を責めていたんだなと実感してもらえます。

この本は「怒り」をテーマにしたもので、あなたは怒りをお持ちだからこそ手に取られたのだと思います。

しかし、反対に、「ああ、私が怒りを持つことができるのは、むやみに自分を責めてなくて、健全なんだ」とも思えませんか？

怒りという健全なシグナルを、むやみに「嫌なもの」と決めつけなくていいのです。

「おお、不平等な関係になってるって教えてくれてるな」とか「そうか。何か自分の美学とは違う感じなんだな。私の何がそんなに気に障ったんだろう。自分を深掘りするチャンスだな」などと思えると、余裕を持って自己探究できそうですね。

あなたには、怒りの場数を踏み、怒りを経験値として活かしながら、素敵な人生を歩んでほしいと思います。

中島美鈴　なかしま・みすず

臨床心理士。公認心理師。心理学博士(九州大学)。中島心理相談所所長。

専門は認知行動療法。カウンセリング現場での臨床経験23年。

1978年福岡県生まれ。九州大学大学院人間環境学府博士後期課程修了。肥前精神医療センター、東京大学大学院総合文化研究科、福岡大学人文学部などの勤務を経て、現在は中島心理相談所所長。

他に、九州大学大学院人間環境学府にて学術協力研究員、独立行政法人国立病院機構肥前精神医療センターにて臨床研究部非常勤研究員を務める。

刑務所や少年院、保護観察所で、怒りによって他害行為を行なった人々のカウンセリングも行なってきた。

著書に『脱ダラダラ習慣!　1日3分やめるノート』(すばる舎)、『マンガで成功　自分の時間をとりもどす　時間管理大全』(主婦の友社)、『「人の期待」に縛られないレッスン』(NHK出版)など多数。

さらに、時間管理の専門家としてテレビ出演したり、新聞でコラムを連載したりと、多方面で活躍中。

【中島心理相談所】
https://nakashima.studio.site

【公式LINE】

中島美鈴　検索

脱イライラ習慣!
あなたの怒り取扱説明書

2024年 9月30日　第1刷発行
2025年 1月23日　第5刷発行

著　者　中島《なかしま》美鈴《みすず》
発行者　徳留慶太郎
発行所　株式会社すばる舎
〒170-0013 東京都豊島区東池袋3-9-7東池袋織本ビル
TEL　03-3981-8651(代表)　03-3981-0767(営業部)
FAX　03-3981-8638
https://www.subarusya.jp/
印刷所　株式会社シナノパブリッシングプレス

落丁・乱丁本はお取り替えいたします

ISBN978-4-7991-1260-1